圖說

孔子

Illustrated Life of Confucius

好讀出版

【目錄】

圖說孔子

開元十四年(725年)，唐玄宗李隆基親自到曲阜祭祀孔子，他頗有感嘆地賦詩說「夫子何為者，棲棲一代中」，「嘆鳳嗟身否，傷麟泣道窮」。孔子是幹什麼的，整日忙碌個不停？而且那麼多愁善感，見不到鳳凰飛來就感嘆自己的生命就要完了，看到麒麟被人殺死就感嘆自己的思想就要完了。其實，孔子並不是那麼多愁善感，那麼悲觀絕望，而是像他自己所說的那樣，「不怨天，不尤人，下學而上達」，既不怨天，也不怨人，而是下學人事，上通天理，棲棲遑遑，孜孜以求，追求知識，追求真理，以改造社會，造福人類。

身逢亂世的孔子，不甘沉淪，以濟世化民為己任，主張天下大同，建設小康社會，提倡選賢舉能，以民為本，輕徭薄賦，富民教民，平均財富，博施濟眾，創立了以仁政德治為核心的政治思想；主張以德修身，博文親仁，提倡忠恕孝悌，信義廉恥，仁讓恭敬，創立了以仁為綱的倫理思想；主張有教無類，提倡學而不厭，誨人不倦，因材施教，教學相長，創立了完整的教育思想體系；對傳統思想文化進行了系統深刻地整理總結，最終集古代思想文化之大成，創立了以仁為核心包括哲學、政治學、倫理學、教育學、經濟學、管理學、文藝學、軍事學、史學等諸多學說在內的博大精深的思想體系。

孔子雖然從政時間很短，但政績非常突出，顯示了卓越的治國才幹和折衝尊俎的外交能力。他治中都而中都大治，長幼異食，強弱異任，器不雕偽，市不二價，推行一年而四方仿效；治魯國而魯國強盛，對內削弱私門，增強公室，男女別途，路不拾遺，對外文事而有武備，夾谷相會，挫敗齊國的種種陰謀詭計，維護了弱國的尊嚴，爭回了在戰爭中被侵占的土地。

孔子成年以後長期從事教育事業，首創私學，有教無類，將教育擴展到民間，打破了貴族對教育的壟斷。他誨人不倦，因材施教，循循善誘，舉一反三，弟子三千，賢人七十，培養出一大批德才兼備的人才，被尊為教育始祖，許多國家和地區將孔子誕辰定為教師節，受到世界人民的敬重。

◉ 孔子行教像

〔清〕佚名 作。

　　經過十四年的長期奔波，周遊列國歸來的孔子已經失去了
過去的從政熱情，潛心整理文化典籍，刪定了《詩經》、《尚
書》，訂正了《周禮》、《樂經》，編修了《春秋》，為《易
經》作傳，為中國古代文明的保存和傳承作出了重要貢獻。

　　為了實現自己的政治理想，孔子生前棲棲遑遑，席不暇
暖，先後到過十幾個國家，尋找施展自己政治抱負的機會，最後
卻失望而歸，但他萬萬沒有料到，死後歷代封建統治者卻給了他
無可企及的殊榮，他的思想成為國家的指導思想，他個人被奉為
萬世師表，追封為大成至聖文宣王，祭祀的廟宇遍及中國、朝
鮮、越南、日本，並散布歐美和南洋諸國。

　　孔子創立了儒家思想，整理了古代文獻，開創了私學，他的思想已經深深地融入中華民族的血液之中，成為中華民族道德意識、精神生活和民俗習慣的準則，為多民族國家的鞏固發展，為民族經濟、民族文化的發展都作出了重大貢獻。不僅如此，從西元前開始，孔子的思想陸續傳入越南、朝鮮、日本等周邊國家，對這些國家的政治、思想、文化、經濟、民俗以及民族性格都產生了決定性的影響。十六世紀以來，孔子思想還陸續傳入義大利、法國、德國、英國等歐美諸國，對歐洲的啟蒙運動產生了重要的促進作用。二十世紀中期以來，日本、韓國、新加坡、香港、臺灣經濟相繼崛起，中國、越南也步入高速發展時期，亞洲儒家文化圈經濟的快速發展，引起了世界各國學者和政治家的重視，不少學者、政治家都期待孔子思想在現代社會中發揮越來越重要的作用。

　　古人說「太上有立德，其次有立功，其次有立言。雖久不廢，此之謂三不朽」，孔穎達對此解釋說：「立德謂創制垂法，博施濟眾，聖德立於上代，惠澤被於無窮」，「立功謂拯厄除難，功濟於世」，「立言謂言得其要，理足可傳，其身既沒，其言尚存」。被推為世界十大思想家之首的孔子可以說是立德、立功、立言，永垂不朽。

⊙ 韓國祭孔

現在韓國仍按傳統於每年農曆二、八月的第一個丁日舉行祭孔大典。

孔子的生平

Illustrated Life of Confucius.

孔子雖然是一位婦孺皆知的名人，但對於孔子的生平事蹟人們一般瞭解得比較少，這一是因為人們一般只重視孔子的思想，不大重視孔子的生平事蹟，二是關於孔子的生平事蹟歷史可以採信的文獻確實很少，西漢司馬遷雖然在其歷史名著《史記》中專門為孔子作傳，而且將孔子的傳記定名為《孔子世家》，與封國裂土的諸侯一個級別，但是記載很不詳細，從政以後的記載較多，但大多沒有確切的繫年，而從政以前幾乎是略而不述。記載孔子事蹟的著作很多，《左傳》、《公羊傳》、《穀梁傳》、《禮記》、《孟子》、《晏子春秋》、《墨子》、《列子》、《莊子》、《韓非子》、《荀子》、《呂氏春秋》、《孔叢子》等先秦著作記載很多，但是除司馬遷的《孔子世家》和此前《左傳》的記載外學者們大多不敢採信，所以要想系統的介紹孔子的生平事蹟還是不容易的。

少年凄慘

　　要瞭解孔子的生平，有必要先瞭解一下孔子的祖先。

　　孔子是魯國人，但他祖先卻是商代天子。商天子的祖先傳說是黃帝，也就是中華民族的始祖之一，本姓公孫，因長於姬水，所以又姓姬，其父為有熊國君，因此號有熊氏，居住在軒轅之丘，因此取名軒轅，接替炎帝神農氏為帝，以土德統治天下，所以稱為黃帝。傳位給兒子少昊。少昊名摯，號玄囂，採用太昊伏羲的治理辦法，因此稱作少昊，以金德統治天下，因此稱金天氏。少昊生蟜極，蟜極生帝嚳。帝嚳接替顓頊為帝，開創基業於辛，因此號高辛氏。少昊和帝嚳都是傳說中的五帝。帝嚳生契，輔佐堯、舜有功，封國於商，賜姓子氏，為子姓之始。契十三傳至成湯，推翻夏朝，建立商朝。

◉ 黃帝像

◉ 少昊陵

陵在曲阜城東。

◉ 微子墓　墓在微山湖島上。

周武王推翻商朝後，初封商紂王之子武庚為宋公，主奉商人祭祀。後武庚參加管叔蔡叔之亂，被周公平定，武庚被殺，又封微子為宋公。微子名啟，是商紂王一母所生的哥哥，因為出生時母親還不是天子的正妻，所以不能作天子。紂王當政時，荒淫無道，微子曾經勸諫，但紂王不聽，微子只好退而隱居。

微子死後，兄終弟及，傳位給弟弟微仲，其後父死子繼，四傳到湣公。弟弟煬公繼立，湣公的兒子鮒祀殺死煬公，讓位給哥哥弗父何，弗父

何不願即位，鮒祀自立為國君，後世稱為厲公。弗父何世為宋國公卿，子孫宋父周、世子勝世代輔助公室。曾孫正考父先後輔助戴公、武公、宣公三朝，雖為三朝元老，但並不居功自傲，驕奢淫逸，反而更加謙恭儉樸，全如他在銅鼎上鑄文所說的那樣，「一命而僂，再命而傴，三命而俯，循牆而走，亦莫敢餘侮。饘於是，粥於是，以糊餘口」，第一次任命時鞠躬恭受，第二次任命時彎腰恭受，第三次任命時垂首恭受，外出順著牆根快走，煮點稠粥稀飯就可以糊口了。正考父愛好文獻，與周朝太師共同整理〈商頌〉十二篇，現在還有五篇保留在《詩經》中。

正考父之子孔父嘉時發生了重大變故。孔父嘉名嘉，字孔父，任宋國大司馬，主管穆公、殤公兩朝軍事。殤公時，太宰華督執政，

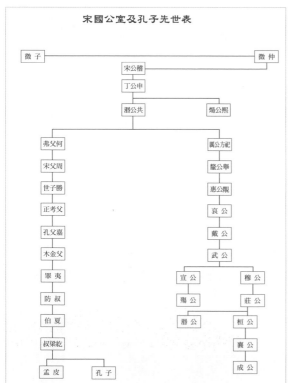

◉ 孔子先世表

十年而十一戰，民怨四起，為轉移百姓視線，華督便散布謠言，將戰爭的責任推到孔父嘉身上，殺死孔父嘉，並殺死了反對的國君殤公。孔父嘉之子木金父為避亂逃奔到魯國，因五世親盡，於是以孔為姓。

木金父避亂到魯國後，社會地位低下，到孫子也就是孔子的祖父防叔時才略有起色，他擔任了魯國的防邑大夫，到孔子的父親叔梁紇時才在社會上有了名氣。

叔梁紇力大善戰，屢立戰功，《左傳》記載的戰功就有兩次。一次是偪陽之戰。魯襄公十年（前563年），晉國組織了幾個國家的軍隊攻打現在棗莊附近的偪陽，叔梁紇跟隨魯國軍隊出征。攻城時，守城軍隊在放進一些攻城軍隊後突然放下吊起的城門，計畫消滅入城軍隊。此時叔梁紇恰好趕在門下，用手托起城門，救出了入城軍隊。另一次是防邑保衛戰。襄公十七年，齊國軍隊包圍了魯國北部城市防邑，魯國派軍援助，但援軍害怕齊國軍隊，不敢前進。叔梁紇率領三百甲兵趁夜突破齊軍的包圍將主將送回，然後又帶兵突破齊軍包圍回城固守，最終保住了防邑。經過這兩次戰爭，叔梁紇以勇力聞名諸侯各國。雖然叔梁紇屢立戰功，但終其身也不過是魯國的一個中級官員，只做到郰邑大夫。

叔梁紇娶妻施氏，生有九個女兒，娶了個小妾生了個兒子孟皮卻是個瘸子。一個瘸子作為家族的繼承人有失體面，叔梁紇在六十多歲的時候又向顏家求婚。當時顏家有三個女兒，父親與三個女兒商量誰願嫁給叔梁紇，年輕的女孩誰肯嫁給一個老頭呢？老大、老二都不吭聲，只有老三說聽從父親的安排，於是就把老三顏徵在嫁給了叔梁紇。結婚時，叔梁紇已經六十多歲，顏徵在還不足二十歲，所以司馬遷在《史記‧孔子世家》中說「紇與顏氏

◉ 叔梁紇力托懸門圖
吳澤浩 作。

◉ 昌平山
在曲阜東南三十公里處，孔子故里今名魯源村，位於昌平山陰，所以《史記》說孔子為昌平鄉人。

女野合而生孔子」。對於野合，唐代司馬貞解釋說「蓋謂梁紇老而徵在少，非當壯室初笄之禮，故云野合，謂不合禮儀」，年齡不相當，不合乎禮儀，所以稱之為野合。

結婚後，叔梁紇與顏徵在一起到附近的尼丘山祈禱，祈求保佑早生兒

◉ 夫子洞
洞在尼山東麓，從漢代就有記載。

顏母山前，孔子出生前顏徵在正在娘家。女兒不能在娘家生孩子，顏徵在急忙趕回婆家，途中臨產，急切之中，將孔子產在尼山腳下的山洞中。山洞至今仍存，後人稱為夫子洞，文人們取了個雅名叫坤靈洞。夫子洞東南的顏母山上，有一片山石上有星星紅點，那裏的草每到秋天也會變成紅色，據說就是顏徵在初破羊水的地方。民間還傳說，孔子出生前有麒麟來到他家，出生時兩條龍繞護著他家的房子，五位仙人降落在院內，空中還響起了美妙的音樂。孔子生來鼻露孔，眼露睛，耳露輪，奇醜無比，父親就把他扔到山上，天氣炎熱，鳳凰為他打扇，一隻老虎把他叼到山洞裏。母親不忍心，派人在山洞內找回了孔子。孔子是聖人，不同於常人，異人自有異

◉ 禱尼山圖　〔清〕佚名　作《聖跡圖》之一。

子。孔子生下時頭頂中間低四周高，如同尼丘山的形狀，所以給孔子取名孔丘，字仲尼，後人避諱避名不避字，就將尼丘山稱作尼山。

民間傳說，孔子的家在尼山西南的魯源村內，外祖母家在尼山東南的

◉ 扳倒井　相傳孔子出生時母親顏徵在飲水的井。

相，後人為神化孔子，所以才編造了這些神話，其實是醜化了孔子。

叔梁紇老年得子，孔子的幼年應該是很幸福的，但是在他三歲時，父親撒手而去。失去了丈夫，年輕的顏徵在面對一大群妻妾子女，恐怕很難相處，所以叔梁紇去世後不久，她就帶著年幼的孔子遷到離尼山老家六十多里的魯國都城內居住。顏徵在遷居魯城的原因不清楚，也不知道遷到魯城後孤兒寡母何以為生，現代人推測可能是投靠顏家親戚，從孔子七十七個著名弟子中有七位是顏氏子弟，可以推測顏家是個大家族。但是，即使投靠親戚，恐怕也不會有人能夠供養孤兒寡母，孤兒寡母還得要自謀生路。幸運的是，年幼的孔子很懂事，連玩遊戲時都是擺上祭祀用的禮器俎和豆，有模有樣地模仿大人磕頭行禮。

但是，不幸總是相連的。十七歲時，相依為命的母親也捨他而去，這時，母親還不到四十歲。父親去世後，母親從沒有告訴孔子父親埋葬的地方，所以母親去世後孔子也無法將母親和父親合葬在一起，只好將母親的靈柩暫時存放在魯城東南角的五父之衢，多虧鄹邑的老鄰居輓父的母親告訴他父親的墳墓，才將父母合葬在防山的北面。孔子以前是墓而不墳，將死者埋於地下，地上不起墳頭，孔子擔心以後不好找墓葬，「丘也東西南北之人，不可以不識也」，所以在地上堆起了土堆。

孔子家庭貧賤，飽受世人的白眼。魯國執政大夫季孫氏設宴招待身分比貴族低比平民

◉ 空中奏樂圖
〔清〕《聖跡圖》之一：孔子出生時，空中有仙人奏樂。

◉ 麒麟玉書圖
〔清〕《聖跡圖》之一。

◉ 闕里坊
在曲阜孔廟東側闕里街上，是孔子里的標誌。

高的士們，孔子出身士家庭，當然可
以赴宴，可是一到季孫氏大門，就被
季孫氏的家臣陽虎攔住了，「季孫氏
招待士們，可是不敢招待你」，給了
孔子一個閉門羹，孔子只好一言不發
地返回。

　　孔子的少年時期是不幸的，但又
是幸運的。艱難困苦的生活磨練了孔
子，也造就了孔子。孔子成名後，
太宰問孔子的弟子子貢說「夫子聖
者與？何其多能也」，孔子是聖人
嗎？為什麼這樣多才多藝，子貢回答
說「固天縱之將聖，又多能也」，這
本是上天讓他成為聖人，所以讓他多
才多藝，這話傳到孔子那裏，孔子說
「吾少也賤，故多能鄙事」，我小時
候貧窮，所以學會了不少鄙賤的技
藝。

⊙ 梁公林　在曲阜城東，孔子父母及哥哥的墓地。

⊙ 叔梁紇墓

左為孔子父母合葬墓，墓碑為1244年立；右為哥哥孟皮墓。

⊙ 俎豆禮容

〔明〕《聖跡圖》之一：孔子自幼喜歡禮儀，玩遊戲都仿照祭禮活動。

青年發憤

　　關於孔子青年時期的活動文
獻記載很少，能夠確認的事情就
是曾經在魯國執政上卿司徒季孫
氏家做過小吏。十七歲喪母後，
孤苦零丁的孔子不得不自謀生

◉ 職司委吏
　　孔子為季孫氏管理過倉庫。

路，二十歲前後，曾先後擔任過季孫氏管理倉庫的委吏和管
理牛羊的乘田。他做事認真，管理倉庫計量公平準確，管理
牛羊牛羊肥壯增多，在社會上慢慢也有了好的名聲。他十九
歲時與宋國的亓官氏結婚，二十歲生了個兒子，魯國國君昭
公聽說後派人送來鯉魚祝賀，孔子為感謝國君的賞賜，給兒
子取名孔鯉，字子魚。

　　孔子晚年自述說「吾十有五而志於學」，「發憤忘食，
樂以忘憂，不知老之將至」，「學而不已，闔棺乃止」，
從十五歲就立志學習，一生都在如饑似渴地追求知識。青年
時期，謀生之餘，孔子的主要精力是學習。他自述「學如不
及，猶恐失之」，學習如同在拼命地追趕知識，生怕自己趕
不上，學到了還怕記不牢再丟掉。他對時間非常重視，看到

◉ 職司乘田
　　孔子曾為季孫氏管理過牛羊。

一去不返的河水就聯想到飛逝的時間，「子在川上曰：『逝者如斯夫，不舍晝夜』」，教育弟子珍惜時間。弟子宰予白天睡覺，孔子就罵他是「朽木不可雕也，糞土之牆不可杇也，於予與何誅」，朽木不能雕刻，糞土似的牆不能粉刷，宰予是個不值得責備的人。

◉ 制禮作樂坊　坊在周公廟，廟在曲阜城東。

◉ 觀川亭
亭在尼山孔子廟前，相傳孔子在此觀水感嘆時間流逝。

　　從現存的文獻看，孔子的學習主要是靠自學，雖然有書說孔子七歲時曾入晏嬰的鄉學讀書，但這是不可能的。晏嬰是齊國人，在孔子出生前五年的齊靈公二十六年（前556年）就繼其父晏弱為齊卿，先後擔任靈公、莊公、景公的大夫，官至相國，不可能辦學，雖然晏嬰曾在東阿為官，但東阿是齊國的地方，離魯國都城也有二百多里地，我們難以想像一個七歲的窮苦孤兒能到那裏學習。孔子成年

以後也不可能到晏嬰那裏學習，因為從文獻記載看，孔子三十五歲前沒有到過齊國。

　　魯國先進的文化為孔子自學提供了優越的條件。魯國從古代就是東方文化的中心之一，相傳炎帝、少昊在此建都，黃帝出生於城東的壽丘，舜也曾在此製作器物。周代時，魯國更是當時文化最為發達的國家。西周初年，大封天下，魯國是武王之弟、成王之叔周公姬旦的封地，周公輔佐武王消滅了商朝，輔佐成王平定天下，制禮作樂制定了周代的國家制度，功勞巨大。雖然周公因輔佐成王沒有到魯國就封，派兒子伯禽就任，但封地和齊國一樣都是當時最大的國家。初封時，分給了「祝宗卜史，備物典策，官司彝器」，文化就比較發達，周公死後，為褒獎周公的功績，成王特命魯國郊祭文王，特許使用天子禮樂，這是周朝首都鎬京以外唯一可以

◆
圖
說
孔
子
◆

使用天子禮樂的國家，魯國成爲和周代京師一樣文化最爲發達的地方。但到春秋時期，禮崩樂壞，唯有魯國還保存了豐富的古代文化。魯襄公二十九年（前544年），著名的吳國公子季札出使魯國，請求觀看周代樂舞，魯國樂工爲他演奏了周南、召南、邶風、鄘風、衛風、鄭風、齊風、魏風、唐風、陳風、鄶風、小雅、大雅、頌，幾乎全部《詩經》記載的樂歌，表演了文王樂舞像箭、南籥，武王樂舞大樂，商湯樂舞韶濩，夏禹樂舞大夏，虞舜樂舞韶箾等，由此可見魯國保存的古代文化多麼豐富。昭公二年（前540年），晉國韓宣子到魯國，「觀書於太史氏，見易象與魯春秋」，不禁發出了「周禮盡在魯矣」的感嘆。

⊙ 太廟問禮

〔明〕木版《聖跡圖》之一：孔子到太廟，每事都要問。

在這樣優越的文化氛圍中，孔子時時虛心好學，從不放過任何一個可以學習的機會。他說「三人行，必有我師焉。擇其善者而從之，其不善者而改之」，「見賢而思齊焉，見不賢而內自省焉」，他是這樣說的，也是這樣做的。與別人一起唱歌，別人唱得好聽，就一定請人再唱一遍，自己跟著學。他到了魯國太廟，每事都要問，以致於別人認爲他不懂得禮，「孰謂鄹人之子知禮乎？入太廟，每事問」，孔子知道後說「這就是禮啊」，自己不懂的問題就要問。問要不分對象，不計較身分高低，要不恥下問。「有鄙夫問於我，空空如也，我叩其兩端而竭焉」，有個鄉野之人提了個問題，孔子本來不懂，他就從問題的首尾兩頭去問他，最後不僅自己懂得了這個問題，增長了知識，還幫助別人解決了難題。

⊙ 訪樂萇弘

孔子向萇弘請教音樂方面的問題，他謙遜好禮，博聞強記，受到萇弘稱讚。

孔子學無常師，他曾向萇弘學習音樂，向郯子請教過古代的官制。向郯子問禮是孔子青年時期唯一具有確切紀年的事情。魯昭公十七年（前525年），魯國的附屬國郯國國君郯子到魯國訪問，魯國執政大夫叔孫昭子問起少昊以鳥名為官名的問題，郯子講了黃帝、炎帝、共工、太昊、少昊的官制。孔子聽說後，專門去向郯子請教，瞭解了許多古代歷史傳說，事後他讚歎說：「吾聞之，『天子失官，學在四夷』，猶信！」天子失去了學官，學問就到了邊遠的小國，這話是真的啊！這年，孔子二十七歲。

孔子學習不是淺嘗輒止，而是追根究底。他向魯國樂師師襄學習彈琴，接連十天他都是練同一首曲子，師襄說可以改換別的曲子了，孔子說「丘已習其曲矣，未得其數也」，過了一段時間，師襄讚許說「已習其數，可以益矣」，孔子以「未得其志也」回答，又過了一段時間，師襄勸他「已習其志，可以益矣」，孔子以「未得其為人也」回答。再過了一段時間，孔子才主動停止了練習，肅穆沉思，怡然高望，顯出志向遠大的樣子說：「我體會到作曲的是個什麼樣的人了，他膚色黝黑，身材修長，眼睛明亮，目光深邃，好像是一個統治四方的君主，不是周文王又有誰能作此曲呢？」師襄大吃一驚，起身離開座位再拜說：「我老師說這是〈文王操〉」。學習彈琴不僅熟悉樂曲，還要掌握技巧，領會樂曲志趣，體察作者風範。這件事，有的書說是在昭公十七年，有的說在昭公十九年，但不論十七年還是十九年，都是孔子三十歲以前的事情。

◉ 學琴師襄　孔子曾向師襄學習彈琴。

中年教學

孔子自述自己「三十而立，四十而不惑，五十而知天命，六十而耳順，七十而從心所欲，不逾矩」，描述了自己學習和成長過程中的不同境界，其中三十歲是最重要的階段，三十歲時打下了立足於社會的基礎，也是他一生事業的基礎，大約從此開始，孔子決心從事教育事業。

教學兼顧的中年時期是指孔子三十歲至五十歲從政前這段時間，在這段時間內，關於孔子的歷史記載還是比較多的。

孔子自述三十而立是可信的，從《史記》、《左傳》記載的三件事就可以看出三十歲的孔子已經有了自己的政治主張和是非標準，在社會上也有了一定的名氣。

孔子三十歲時，齊景公和晏嬰來到魯國，曾專門約見孔子。齊景公問孔子，「秦穆公時國家很小，位置偏僻，爲什麼它能稱霸呢？」孔子回答說，「秦國面積雖然很小，但志向遠大；位置偏僻，但行爲中正。秦穆公選拔用五張黑色公羊皮贖回的囚徒百里奚，從獄中將他解救出來，長談三天，就提拔他爲大夫，授給他國家的執政大權。從這件事情來看，統治天下都是可以的，稱霸還是小的」，齊景公非常高興，他很贊同孔子選拔重用賢人的觀點。從這件事可以看出，孔子不僅博學廣識，而且還有了自己的政治主張。

鄭國著名的大夫子產臨死前對子大叔交代後事，治理百姓要嚴厲。子大叔執政寬大，導致鄭國盜賊增多，子大叔醒悟過來，發兵殺光了聚集在萑苻澤中的盜賊，盜賊才稍微有所收斂。孔子

◎ 孔子講學圖 〔明〕佚名 作。

◎ 杏壇
孔子講學處，在今曲阜孔廟內。

對此評價說：政令寬大百姓就會玩忽，玩忽就要用嚴厲來糾正；嚴厲了百姓就會受到傷害，傷害了就要寬大。用寬大救正嚴厲，用嚴厲救正寬大，政事因此和順。並引用《詩經》「民亦勞止，汔可小康。惠此中國，以綏四方」說明施政寬大，「毋從詭隨，以謹無良。式遏寇虐，慘不畏明」說明以嚴厲進行糾正，「柔遠能邇，以定我王」說明用和睦平定天下，「不競不絿，不剛不柔。布政優優，百祿是遒」說明施政和順的觀點。從這段評價看，孔子不僅有自己的觀點，而且熟悉經典，能夠活學活用。

這年，衛國的齊豹、北宮喜、褚師圃、公子朝聯合作亂。在殺掉公孟縶前，齊豹事先告訴經他推薦給公孟縶擔任驂乘的宗孟不要和公孟縶同

◎ 論穆公霸　孔子向齊景公解說秦穆公稱霸的原因。

車。宗孟不同意，他說是您的推薦我才得到公孟縶的信任，公孟縶雖然不好，但他對我有利，我不能離開他，如果我聽說有難就逃走，也使您推薦我的話失了信用。您做您的事去吧，我會爲您保密，我死在公孟縶那裏是合適的。當齊豹用戈攻擊公孟縶時，宗孟用背保護公孟縶，被砍掉了胳膊，公孟縶的肩膀也受了傷，最後二人都被殺。弟子琴張要去弔唁宗孟，孔子不同意，勸阻他說，齊豹之所以作亂，公孟縶之所以被殺，都是因爲宗孟。君子不食壞人的俸祿，不接受作亂者的好處，不爲私利而被邪惡所害，不用邪惡對待他人，不掩蓋不義的事情，不做不合於禮的事情。像宗孟這樣的人是不值得去弔唁的。這時孔子已經能用是否合乎道義和禮來評論人的行爲。

◎ 子產祠　祠在河南鄭州。

　　魯昭公二十五年，也就是孔子三十五歲時，魯國發生了一件大事，歷史上稱作鬥雞之變。事情的經過是這樣的：魯國司徒季平子與魯孝公後裔郈昭伯鬥雞，季平子給雞穿上皮甲，郈昭伯給雞裝上金屬爪子。同是作弊，但權高位重的季平子卻很生氣，不僅責備郈昭伯，還在郈氏的土地上擴建自己的府第，與郈氏結下了怨恨。此前，季平子因家族內部糾紛與公若失和，因聽信叔仲子的讒言與叔孫氏產生了矛盾，因介入臧氏家族內部糾紛與臧昭伯有了過節，因將宗廟跳舞的人弄到自己家跳舞致使祭祀襄公無法成禮而犯了眾怒，又因四分公室激起國君的仇恨。魯昭公與兒子公為、公果、公賁聯絡臧孫氏、郈氏聯合出兵討伐季氏。季平子毫無防備，被圍困在武子之臺，為救燃眉之急，先請求到城南沂水邊等待國君調查罪過，再請求軟禁於季孫氏的都城費邑，最後請求帶領五輛兵車逃亡外國。東門氏子家懿伯建議接受季平子逃亡外國的要求，季孫氏執政太久，黨徒很多，要防備他們的反撲，但魯昭公不聽，與郈昭伯堅持一定要殺掉季平子。叔孫氏的家臣們深知唇亡齒寒，「無季氏，是無叔孫氏也」，率領家兵攻打魯公的聯軍，趕走了魯公的部隊。孟孫氏本來持觀望態度，見叔孫氏出兵，就殺掉魯昭公派來迎接他的郈昭伯，起兵相助。三家聯手打敗了魯昭公，昭公只好逃亡到齊國。

◎ 泰山問政

孔子認為殘暴的政治比老虎都厲害。

　　魯昭公逃亡齊國後，孔子也追隨國君前往齊國。途經泰山，路遇一位婦女在墓前痛哭，派弟子子路去問原因，婦女

說她的公爹、丈夫、兒子先後都被老虎吃掉了，問她為什麼不遷走，她說這裏沒有殘酷的剝削（苛政），孔子告誡弟子們要記住「苛政猛於虎也」。

到了齊國，孔子成為高昭子的家臣，想通過他拜見曾經相識的齊景公。齊景公對孔子還是很尊重的，他請孔子先上臺階，孔子不僅不先上，反而退下一級，請齊景公先行，孔子認為自己是外國的臣子，是不能先行的，即使是國君讓自己先行也不行，這不符合禮制。齊景公問孔子如何治理國家，孔子回答說「君君，臣臣，父父，子子」，國君要盡國君的本分，臣子要盡臣子的本分，父親要盡父親的本分，兒子要盡兒子的本分。齊景公高興地說：「說得好啊！國君不盡國君的本分，臣子不盡臣子的本分，父親不盡父親的本分，

◉ 晏嬰沮封

齊國宰相晏嬰勸阻齊景公重用孔子。

兒子不盡兒子的本分，即使有糧食，我能吃得到嗎？」孔子的話之所以獲得齊景公的讚賞，是因為勾起了齊景公的心事。齊景公的哥哥莊公不守君道與崔杼之妻通姦被崔杼殺死，齊景公初立，崔杼、慶封執政，慶封殺崔杼後專權，最後田、鮑、高、欒四家大夫趕走了慶封，但田氏大斗放債小斗收債，邀買人心，已經顯露出取代國君的跡象，所以孔子的話很容易引起齊景公的共鳴。

又一天，齊景公又問孔子如何治理國家，孔子回答說治理國家要節省財力，景公很高興，覺得孔子是一位很有能力的人才，就想重用他，打算把尼溪的土地分封給孔子。宰相晏嬰不同意，他勸齊景公說：「儒者能言善道，不能用令來約

◉ 景公尊讓

景公禮讓孔子先行，孔子認為不合乎禮制，堅持走在後面。

束；高傲任性，自以為是，不能居於人下；重視喪事，盡力悲哀，破產厚葬，不能成為風氣；四處遊說，謀求官職，不能讓他們治理國家。自從聖賢下世以後，王室衰弱，禮崩樂壞已經好長時間了。現在孔子強調儀容服飾，提倡複雜的禮節，幾輩子都不能完全掌握，國君想用孔子的辦法改變齊國的風俗，這不是引導百姓的好辦法」。齊景公聽從了晏嬰的勸告，徹底放棄了重用孔子的打算，就連以後見到孔子再也不問有關禮儀的事情。又過了一段時間，對孔子說：「像魯國重用季孫氏那樣重用你，我是做不到的」，於是像魯國對待季孫氏和孟孫氏之間那樣對待孔子。齊景公要重用孔子，引起齊國大夫們的反對，齊景公就對孔子說：「我老了，不能用你了。」齊國大夫們要加害孔子，孔子匆匆忙忙離開齊國，連飯也沒來得及吃，把正在淘洗的米撈出來就走，米中的水隨車灑了一路。

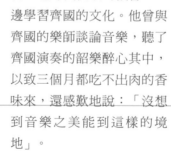

⊙ 在齊聞韶圖

　　孔子在齊國欣賞了古代的韶樂，沉醉其中，以致三個月都嚐不出肉的香味來。

　　孔子在齊國待了不到兩年，他一邊尋找從政的機會，一邊學習齊國的文化。他曾與齊國的樂師談論音樂，聽了齊國演奏的韶樂醉心其中，以致三個月都吃不出肉的香味來，還感歎地說：「沒想到音樂之美能到這樣的境地」。

　　孔子回到魯國，仍然邊學邊教。昭公二十七年，吳

⊙ 孔子聞韶處　在山東臨淄。

國公子季札出使去齊國，歸途中，長子死在齊國靠近魯國的嬴、博之間。孔子知道季札熟悉禮制，覺得這是一個學習的好機會，就專程前往觀看。他見死者穿著平常的衣服，墓穴深不到水，封土長寬與墓穴相同，高與人蹲下時的肩高相同。掩埋後，季札袒露左臂，向右繞墳邊走邊號，「你的骨肉又返回土中了，這是命啊。但你的魂靈會回去的，會回去的」，如此三遍後就回去了，孔子認為季札處理的喪事是很合乎禮制的。

在這段時間裏，孔子還曾經專門前往當時的周朝都城洛陽去學習周代的禮樂。關於孔子入周的時間，過去學者大多認為是在孔子三十四歲時，其實這是孟懿子和南宮敬叔拜孔子為師的時間，並不是孔子入周的時間。

◉ 孔子入周問禮處　在洛陽老城。

拜師時，南宮敬叔大概只有十二、三歲，不可能向魯昭公請求派他和孔子去東周的首都雒邑學習。這件事情應該在孔子四十多歲的時候。昭公同意了南宮敬叔隨孔子入周學習的要求，並給了一輛車、兩匹馬和一個僕人。

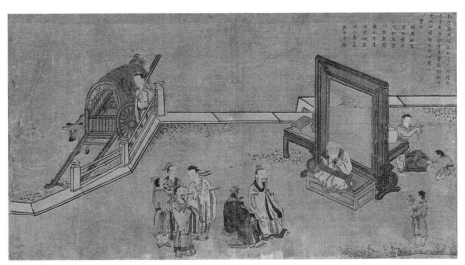

◉ 問禮老子　孔子曾專程到洛陽向老子請教禮儀問題。

孔子和南宮敬叔到了雒邑，專門向老子請教周代禮制。老子姓李名聃，曾任東周的柱下史、守藏史，熟悉周代的禮儀制度，在回答了孔子的問題後，還專門告誡孔子，「聰明神察而接近於死亡者是因爲好議論他人，博學善辯見識廣大而危及其身者是因爲好揭發他人的劣行。做人子的要忘掉自己而只想父母，做臣子的要忘掉自己而只想君主」，老子初次相識就瞭解了孔子才忠言相告，但是從孔子以後的所作所爲看，孔子並沒有將老子的話放在心上。

關於孔子教育的記載不是很多，一個是前面所說的「苛政猛於虎」，再一個是觀欹器。這件事大約是在孔子四十六歲的時候，孔子帶領弟子們到魯桓公的廟裏參觀，看到欹器。欹器是國君放置在座位右側用以勸誡的器物。孔子對弟子們說，欹器空的時候是歪斜的，水剛好在中間的時候是端正的，水超過中間就會翻過來，弟子們用水一試，果然這樣，孔子借此教育弟子們不要自滿。子路問保守成業的辦法，

◉ 觀欹器圖　〔明〕郭詡 作。
　孔子隨時施教，看到欹器就教育弟子要謙虛。

孔子說聰明聖智用愚笨來守護，功被天下用禮讓來守護，勇力蓋世用怯懦來守護，富有四海用謙虛來守護。

這段時間內孔子曾有過兩次從政的機會，一次是陽貨的邀請，一次是公山不狃的邀請。

陽貨邀請是在孔子四十七歲時，但孔子不願見他，陽貨沒有辦法，心生一計，派人給孔子送去一頭蒸熟了的小豬。按照禮儀，接受人家的饋贈要登門拜謝，陽貨想在孔子前來拜謝時當面相見。孔子也心生一計，決定趁陽貨不在家時前

去拜謝。可是萬萬沒有料到，竟然在路上碰到了陽貨。陽貨對孔子說「來！我跟你說」，孔子沒有作聲，陽貨只好自己接著說：「身懷治理國家的才能卻看著國家迷亂，可以說是仁愛嗎？」孔子仍然不作聲，陽貨又接著說：「不可以。喜歡做事，卻一次次錯失機會，能說是明智嗎？」孔子還是不作聲，陽貨再接著說：「不可以。時間過去了，就不會再給我們了。」孔子這才開口說：「好吧，我就要出仕做官了。」孔子雖然這樣說了，但是他仍然沒有去做官。其實，孔子並不是不想做官，只是他看不慣陽貨的為人，不想在陽貨這樣的家臣手下做事。陽貨是季孫氏的家臣，囚禁季桓子強迫他簽訂盟約，以季孫氏的家臣執掌魯國大政，陪臣而執國命，是孔子最為深惡痛絕的，他怎麼能到陽貨那裏做官呢？後來陽貨又曾強迫魯公、三桓簽訂盟約，還曾陰謀廢掉三桓另立他人，定公九年占據陽關叛亂，被打敗後逃奔到齊國，齊國想把他抓起來，他設計逃脫先去宋國，後來到了晉國。最後晉國趙氏收留了他，孔子還說「趙氏大概世世代代要有禍亂了」。

公山不狃的邀請是在孔子五十歲的時候。公山不狃也是季孫氏的家臣，追隨陽貨作亂。他在費邑叛亂後，派人去請孔子，孔子本來打算應邀而去，但遭到弟子子路的反對，「沒有地方去就算了，何必到公山氏那裏去」，孔子對他說：「那個邀請我的人難道是白讓我去嗎？如果有人重用我，我大概可以使文王、武王的禮樂在東方復興。」最後，孔子還是沒有去。

◎ 途遇圖

季孫氏家臣陽貨執政，想請孔子為他做事，孔子當然不同意。

圖
說
孔
子

魯國從政

　　孔子在青年時期因生活所迫，曾經到季孫氏那裏做過委吏和乘田的小官吏，他做事認真，做委吏時管理倉庫帳目清楚，計量公平，做乘田管理牛羊牛羊肥壯，繁殖增多，都受到好評。但在其後的近三十年裏他一直未再做官，這可能是孔子忙於學習和教學無暇他顧，恐怕最主要的原因是孔子沒有找到適合於自己施展政治抱負的機會。

　　孔子所處的春秋時期，王權下墜，周天子失去對諸侯各國的控制，諸侯各國相互征戰，社會急劇動亂。孔子看不慣這種禮崩樂壞的局面，他主張天下大同，提倡仁政德治，力圖要重整社會秩序，但當時的魯國也是權力下移，三桓（魯桓公的三個後裔）季孫氏、叔孫氏、孟孫氏執掌著魯國的權力，孔子沒有施展政治抱負的機會，他也無意仕進，「用之則行，舍之則藏」，在學習教學的同時，集中精力研究學問，構造自己的思想體系。

　　魯定公九年（前501年），孔子終於等到了從政的機會，他被任命為魯國的中都宰，也就是中都的行政長官。中都在今天的汶上縣，是當時魯國的一個重要的城邑。孔子上任以後，制定養生送死的禮節，年長的和年幼的享有不同的食物，強壯和體弱的人承擔不同的工作，男女別途，路不拾遺。推行一年，四方各國紛紛效法。

　　魯定公見孔子治理中都很有成效，第二年就任命孔子為魯國司空，主管全國的工程建設。孔子區分土

◎ 司寇像　〔明〕佚名 作。
據唐代吳道子同名畫仿作。

◎ 退修詩書圖
中年的孔子無意仕進，專心從事文化教育事業。

地的不同特性以種植不同的作
物，各種作物都得到最適合的
生長條件，生長得很好。

在任司空期間孔子還妥善
處理了魯昭公的墓葬問題。昭
公二十五年（前517年），魯
昭公不滿季孫氏的專權，起兵
計畫消滅季平子，但被三桓打
敗，只好逃到齊國，七年後死
在國外。季平子當權，就將昭
公埋葬在魯國國君墓道之南，
也就是墓地以外。孔子派人在
昭公墓外挖開一條溝，將昭公
墓和歷代魯公的墓連在一起。
事後，孔子對季平子的兒子
執政大夫季桓子解釋說：「將
國君葬在歷代國君墓地外雖然貶低了
國君，但是也彰顯了自己的罪行，這
是不符合禮制的。現在將昭公墓歸入
歷代國君的墓地就可以遮掩您父親不

◉ 為乘田吏圖

合臣道的行為。」此事孔子處理得非
常好，將昭公墓劃進歷代國君墓地，
定公當然高興，季平子也覺得不錯，
他的父親將國君趕跑並將昭公葬在歷
代國君墓地之外畢竟是件不光彩的事
情，當然更高興的是孔子，他通過這
件事維護了魯國國君的權威。不久，
孔子又升任魯國主管司法的司寇。

定公十年（前500年）春天，齊、
魯兩國和好，夏天，齊國國君約魯國
國君在兩國交界的夾谷舉行結盟的儀
式，魯定公準備好車輛隨從，毫無戒
備地要去赴會。孔子以司寇身分兼辦

◉ 化行中都

孔子治理中都，牛刀小試，取得很好的效果。

會盟時的禮儀事務，他對魯定公建議說「我聽說有文事時一定要有軍事準備，有軍事時一定要有文事準備。過去諸侯走出自己的封地一定要設置相應的官員隨行，現在應該設置左右司馬」，魯定公聽從了孔子的建議，設置了兩位主管軍事的司馬。

⊙ 夾谷會齊

齊、魯國君夾谷相會，顯示了孔子折沖尊俎的外交能力。

　　齊魯國君在夾谷相會，事先已經修築了盟會使用的土臺，土臺設置了三級臺階。兩國國君用國君相遇的簡單禮節相見，相互拱手作揖謙讓後登上了土臺。進行了饋贈應酬的儀式以後，齊國管事官員快步上前請示演奏四方民族的樂舞，齊景公允許後，齊國命亡國了的萊國人手持矛、戟、劍、盾喊叫著擁了上來，企圖劫持魯定公。孔子見狀不好，急忙跑過來，一步一個臺階地搶先上臺，拉著魯定公後退，對魯國將士說「趕快拿起武器攻上去」，對齊景公說：「我們兩國國君友好相見，被俘虜的邊遠之地的夷人怎敢動武作亂，這不是齊國國君號令諸侯的方法。邊遠之地不能圖謀中原，夷人不能擾亂華夏，俘虜不能沖犯盟會，武力不能強迫別人結好。這樣做對神是不吉祥的，對道德是違背道義，對人是失禮，您一定不會這樣做。」齊景公感到很慚愧，揮揮手讓萊國人退下去。

　　過了一會，齊國的管事官員快走過來請示演奏宮中的樂舞，齊景公同意後，樂舞雜耍藝人和身材矮小的侏儒開始表演。孔子急忙跑過來，來不及按照禮儀一隻腳先登上一級臺階，等後一隻腳登上這個臺階後再去登下一個臺階，而是一步一個臺階地搶上臺，在離臺頂還差一個臺階時說，「匹夫

胡鬧迷惑諸侯的論罪該殺，請右司馬立刻執行」，右司馬遵命腰斬了表演的侏儒。齊景公很害怕，露出慚愧的臉色。

齊國人一計不成又生一計，將要盟誓時在盟書中添加文字說「齊國軍隊出境打仗，而魯國不派出三百輛兵車跟隨，就像這個盟約」，就是違背了盟約。魯國又不是齊國的附屬國，為什麼齊國出兵打仗要魯國派軍隊跟隨？孔子指派魯國的茲無還回答說：「如果不歸還我國汶陽的土地，我國也奉命，也像這個盟約。」

盟會以後，齊景公計畫設享禮招待魯定公，孔子不同意，他對齊國大夫梁丘據說：「齊國、魯國的典章制度您為什麼沒聽說呢？事情已經完成了，再舉行享禮，是白白辛苦辦事人員。而且制度規定，犧尊、象尊不能拿出國門，鐘磬之樂不能在野外和奏。舉行享禮，備齊了禮樂祭器是違背禮制，不備齊禮樂祭器就不鄭重。

不鄭重，君主就會感到恥辱；違背禮制，名聲就不好。您為什麼不好好考慮一下呢？享禮是用來顯揚德行的，不能顯揚德行就不如不辦。」最後就沒有舉行享禮。

齊景公回到齊國，責備臣子們說：「魯國人用君子之道輔佐他們的國君，你們卻拿夷狄那一套來教我，讓我得罪了魯國國君，怎麼辦？」齊國主管的官員說：「君子有了過錯就用實際行動向人家道歉，小人有了過錯就用花言巧語來謝罪。您如果很痛心，就用實際行動表示道歉吧。」於是齊景公就把以前侵占魯國的鄆、汶陽、龜陰的土地還給了魯國以示道歉。

取得這次外交上的勝利，孔子在國內的地位更鞏固了，他要實現自己的理想，強化魯國國君的權力，削弱專權大夫，重整社會秩序。定公十二年，他向魯定公建議說，「根據禮制，臣子的家中不能收藏武器，大夫的封邑不能建築高一丈、長三百丈的城牆」，應該收繳兵器，拆除超過規定的城牆。這個建議有利於加強魯定公的權威，當

◎ 歸田謝過

夾谷會齊後，齊國歸還過去侵占魯國的土地，孔子取得了戰爭都沒有取得的勝利。

然得到魯定公的支持。於是孔子命令弟子子路擔任季氏的總管，開始拆除三家的城池。這個時期，季孫氏、叔孫氏、孟孫氏雖然執掌魯國的大權，但是頻繁的戰爭、外交占去了他們很多時間，三桓奔走在外，少則一月，多則半年，甚至被扣爲人質在外一、兩年，加之嗣主年幼，家臣年長，他們的一些權力逐漸被家臣所奪取。定公五年，季孫氏的家臣陽虎因爲與季桓子的寵臣仲梁懷有仇就把仲梁懷抓了起來，季桓子很惱怒，陽虎就把季桓子也囚禁起來，逼迫季桓子簽訂盟約才把他放出來。定公六年，大權在握的陽虎又與定公和三桓在周人的土地神祠盟誓，與國都的人在殷人的土地神祠盟誓，在五父之衢詛咒。此時的陽虎不僅執掌了季氏大權，而且進而掌握了魯國國政，定公七年，齊國歸還魯國的鄆邑和陽關，陽虎竟然據爲己有。定公八年，公山不狃在季桓子手下感到不如意，就勾結陽虎作亂，他們計畫以季桓子之弟季寤代替季氏，叔孫氏庶子叔孫輒代替叔孫氏，陽虎代替孟孫氏。陽虎計畫在冬祭大典後殺死季桓子，派弟弟陽越押送季桓子，季桓子途中說服駕車的舊部林楚，突然驅車奔入孟孫氏府邸，幸虧孟孫氏早有準備才打敗了陽虎。陽虎逃到陽關作亂，被趕到齊國又策動齊國進攻魯國。定公十年，叔孫氏家臣侯犯在邑叛亂，叔孫氏、孟孫氏兩次率兵圍攻後，甚至是在齊國的支援下都沒有攻下，後來侯犯想投降齊國，郈邑工師駟赤乘機散布齊國將把郈邑居民遷往他地，激起居民嘩變才趕走侯犯，奪回郈邑。因此對於拆除都邑，三桓大夫阻力不大。叔孫氏首先響應，拆除了自己的郈邑。但拆除季孫氏的費邑時卻很費周折。季孫氏同意拆除，但是他的家臣知道，拆除了費邑，他們就失去了立身之地，所以堅決反對。費邑宰公孫不狃和叔孫輒一不做二不休，乾脆率領費邑的人去襲擊魯國國都。魯定公和三家大夫全部躲進季孫氏的府邸，登上府內的季武子臺。公孫不狃等攻進季孫氏府邸，進攻到季武子臺側，孔子命申句須、樂頎下臺攻擊費人，費人

被打敗了，國都的人乘勝追擊，在姑蔑徹底擊潰了費人，公孫不狃和叔孫輒只好逃亡到齊國，費邑也就被拆除了。在拆除孟孫氏的成邑時，孟孫氏的家臣公斂處父堅決不同意。他對孟懿子說：「拆除了成邑，就失去了魯國北面的屏障，齊國人就很容易到達魯國的北門。而且成邑是孟氏的保障，沒有了成邑也就沒有了孟氏。你裝不知道，我不拆。」在孟懿子的暗中支持下，公斂處父堅持不拆，從夏天一直拖到了冬天，沒有辦法，定公只好親自出馬，十二月派軍隊包圍了成邑，但卻沒有攻下來。最後，拆除三都的計畫沒有全部實現。拆除三都的計畫雖然沒有全部實現，但拆除了兩家的都邑還是增強了公室的力量，削弱了卿大夫及其家臣的勢力，對振興魯國還是大有幫助的。

定公十四年，孔子由司寇代理魯國的國相，臉上露出高興的神色。弟

◎ 禮墮三都

孔子為強化公室，削弱私門，發起了拆除三家執政大夫城邑的行動。

子子路對孔子說：「我聽說君子災禍臨頭不恐懼，大福到來也不喜形於色。現在您剛剛代理國相就面帶喜色是因為什麼呢？」孔子說：「是有這麼一句話。不是還有『樂在身居高位而禮賢下士』的話嗎？」高興的是身居高位而能禮賢下士。孔子執政七天就將擾亂國家政治的大夫少正卯殺死在魯國南門外的兩觀臺。弟子子貢對此很不理解，他問孔子說：「少正卯是魯國的知名人士，您剛當政就把他殺了也許是個錯誤吧。」孔子對他說：「天下有五種大罪，盜竊還不包括在內。一是思想叛逆而凶險，二是行為邪僻而固執，三是言語虛偽而好辯，四是記憶醜事而廣博，五是依順不合道理的事情而解釋得很圓滿。這五種罪惡有一種

◎ 誅少正卯

在身上就不免被君子殺掉，而少正卯一人就具備了這五種罪惡：所居之處足以聚徒成群，言論足以惑亂眾人，剛愎自恃足以顛倒是非，自成一派。他是人中的奸雄，不能不除。商湯殺了尹諧，文王殺了潘正，周公殺了管叔、蔡叔，姜太公殺了華士，管仲殺了付乙，子產殺了史何，這七個人生活在不同的時代都一樣被殺掉，是因為這七個人所犯的罪惡是一樣的，所以都不能赦免。《詩經》說：『憂心悄悄，慍於群小』（憂愁不已，怨恨那幫小人），小人成群結黨，是很令人擔憂的。」

孔子參與魯國國政，社會就發生了很大變化。販羊的沈猶氏再也不敢每天一早就把羊灌得飽飽的騙人錢財，公慎氏休掉了過去不管不問的淫亂妻子，生活奢侈、違背禮法的深潰氏害怕被治罪嚇得逃離了魯國。三個月後，販賣牛馬的商人不在價格上騙人，販賣豬羊的商人不再漫天要價，男子崇尚忠信，女子追求貞順，外地來到魯國的賓客不論到了哪座城市都不用去求助官府，都好像回到了自己的家。

齊國聽說孔子治理有方，非常害怕，大臣們議論說：「孔子執政下去，魯國一定會稱霸。一旦魯國稱霸，齊國靠得最近，我國就會最先被魯國吞併，為什麼我們不先送一點土地去討好他呢？」齊國大夫黎鉏說：「我們先試著阻止他一下，如果阻止不成，再送給魯國土地也不算晚。」於是就從全國挑選了八十個美妙的女子，穿上華麗的衣服，教會了〈康樂〉舞蹈，又挑選了身上長有漂亮花紋的一百二十匹馬，一併送給魯國國君。女樂和馬車都陳列在魯國都城的南門外，季桓子聽說後，換上便衣偷偷地到城外看了三次，打算接受下來，就勸魯君藉口外出周遊偷偷地去看了一天，連國家大事也

◎ 兩觀臺

孔子誅少正卯處，在曲阜魯國故城南門外，今龍虎小區外。

◎ 女樂文馬

懶得去管。弟子知道後對孔子說「老師您可以走了」，孔子說「魯國就要舉行郊祭大典，如果祭祀以後還按照禮制將祭祀用的肉分送給大夫們，那我就可以留下不走」。季桓子接受了齊國的女樂，一連三天都不去處理國家事務，祭祀後也不按慣例向大夫們分送祭肉，孔子徹底地失望了，於是離開魯國，當晚住宿在屯地。魯國樂師師己聽說後去送孔子，對孔子說「先生您是沒有過錯的」，孔子說：「我唱一首歌可以嗎？」於是唱歌說：「彼婦之口，可以出走；彼婦之謁，可以死敗。蓋優哉游哉，維以卒歲。」那些婦人的口，可以使大臣出走；接近那些婦人，可以使事業敗亡。優哉游哉，我只有這樣安度歲月。師己回去後如實向季桓子回報，季桓子長嘆一聲說：「夫子是怪罪我接受齊國的女樂啊！」

　　孔子掛冠而去，表面看起來是季桓子荒淫無道，魯國已經不可救藥，逼得孔子不得不辭官出走，其實，這是孔子與三桓大夫矛盾的必然結果。孔子從政後，對魯定公畢恭畢敬，上朝時，和下大夫談話直率暢快，和上大夫談話溫和恭順，國君一到，馬上變得敬畏不安，神情嚴肅，甚至連進入宮門時都謹慎恭敬得好像沒有容身的樣子，這和三桓大夫趕走國君形成了鮮明的對比。這還不算，孔子處處、時時、事事維護魯君的權威，削弱三桓的權力。讓三桓最不能容忍的是孔子竟然建議並親自指揮拆除三桓的都邑，事前三桓還認為拆除都邑對他們有利，可以清除家臣的勢力，但在拆除成邑時才被公斂處父一語點破，「且成，孟氏之保障，無成是無孟氏也」，都邑是三桓的保障，沒有了都邑也就沒有了三桓，拆除三桓的都邑表面看是削弱家臣，其實孔子的目的是削弱三桓，加強公室，清醒過來的三桓能不惱恨孔子嗎？孔子也深知和三桓的矛盾已經不可調和，在魯國已經不可能再繼續執政了，不如見機抽身而去。

◉ 去魯圖

周遊列國

　　定公十三年，也就是西元前497年的春
天，孔子匆匆忙忙離開了魯國，走時連祭祀
的禮帽都沒有摘下來。可以想見，五十多
歲的孔子離開父母之邦心情是多麼的複雜，
「遲遲吾行也，去父母國之道也」，戀戀不
捨地慢慢離開魯國，在魯國邊境上還按照禮
制規定進行了停留。孔子雖然知道魯國是不
可能再待下去了，但沒有料到季桓子會荒唐
到連祭祀的肉都不送給大夫們，離開魯國是
事起突然，孔子毫無準備，也沒計畫。天地
茫茫，何處才可容身？北方是齊國，南面是
宋國，西面是衛國。齊國是敵國，
當然不能去，宋國雖然是自己祖先
的封地，但闊別數代，早已沒有聯
繫，無親可投，幸好弟子子路妻子
的兄長顏濁鄒是衛國有名的賢明大
夫，而且衛國當時社會安定，經濟
富庶，所以孔子決定去衛國。

　　一進衛國都城帝丘（在今河
南濮陽），街上人來人往，孔子
馬上讚歎說「庶矣哉」，人真多
呀！冉求為孔子趕車，就問「人已
經多了怎麼辦呢」，孔子回答說
「富之」，使他們富起來，冉求又
問「已經富了怎麼辦」，孔子說
「教之」，教育他們。孔子和冉求
的這段對話被收在《論語》中，
庶、富、教的思想反映了孔子治國

◉ 孔子避雨處　　在河南永城縣芒碭山。

孔子訪問列國諸侯示意圖

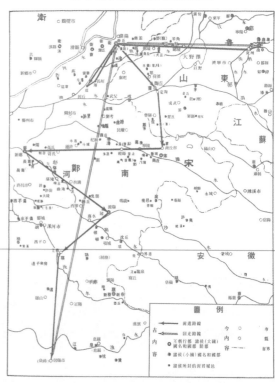

◉ 周遊列國示意圖

的三步驟策略，先增加人口，在此基礎上發展經濟，使人民富裕，人民富裕後再對人民進行教育，提高人民素質。對增加人口，在實行計畫生育的今天，人們恐怕難以理解，但在經濟落後的農業時代，人是最主要的生產力，只有人口眾多，才能創造更多的財富，才能有更多的軍隊，國家才能強盛。

孔子在魯國是官至司寇的大夫，又以博學著稱，加之顏濁鄒的推薦，所以一到衛國，就受到衛靈公的禮遇。衛靈公問清孔子在魯國的俸祿是穀子六萬斗後，也給與同樣數量的糧食。衛靈公是個平庸的君主，對孔子的治國主張沒有興趣，所以對孔子養而不用。孔子師徒在衛國沒有多少事情可做，以孔子的個性，他是不會無所事事而飽食終日的，就去交往衛國的官員和賢人，瞭解衛國的歷史、文化、風俗，這必然會牽涉到政治。孔子師徒本來就是一個很大的團體，人才濟濟，又具有鮮明的政治傾向，招致衛國大夫的妒忌，幾個月後，他們就在衛靈公面前搬弄是非，說孔子的壞話，引起衛靈

公的警惕，就以照顧孔子的名義派公孫余假去監視孔子。孔子本來借住在顏濁鄒的家裏，公孫余假每天陪同出出進進，孔子就意識到衛靈公已經懷疑自己，是派人前來監視，於是就決心趕快離開衛國。這次在衛國只停留了十個月。

孔子離開衛國要到陳國去，路經匡地，顏刻為孔子駕車。顏刻曾經來過此地，用馬鞭指著城牆的一個缺口說「我過去來這裏就是從那個缺口進去的」。魯國的陽虎曾經殘害過本地人，孔子的長相又很像陽虎，他們認為陽虎又來了，就手持武器將孔子師徒團團包圍起來。顏回脫了隊，後來才趕上來，孔子說「我以為你死了呢」，顏回回答說「老師您活著，我怎麼敢死呢」。匡人將孔子師徒包圍了五天五夜，弟子們都非常害怕，孔

◉ 匡人解圍

孔子路過匡地，被當成曾經禍害匡地的陽虎，圍困了五天五夜。

子鼓勵他們說：「周文王已經死了，周代的文化不就全在我這裏嗎？上天如果要毀滅這個文化，就不會讓我們這些後死的人擔負起維護它的責任，上天並沒有消滅這個文化，匡人能把我怎麼樣呢？」最後，孔子派一個隨從到衛國甯武子那裏稱臣，然後才脫離險境，離開了匡地。

孔子師徒到了蒲地，過了一個多月又返回衛國，寄住在衛國著名的大夫蘧伯玉家。衛靈公的夫人有個叫南子的，是宋國人，和宋子朝相好，定公十四年時，糊塗的衛靈公還召請宋子朝來衛國與她幽會，衛靈公的太子蒯聵出使路過宋國，宋國就有人唱歌說「既定爾婁豬，盍歸吾艾豭」，已經滿足了你們發情的母豬，為什麼還不歸還我們那漂亮的公豬，故意讓太子蒯聵聽到。名聲不好的南子派人去召見孔子，孔子推辭不掉，只好去見她。南子在帷帳中拜了兩拜，身上的玉佩首飾叮噹作響。事後孔子說「我本來不想見她，既然不得已見了她，就得按照禮節還禮」。但子路仍然不高興，孔子沒辦法，只好對他發誓說「如果我有不對的地方，上天一定厭棄我！上天一定厭棄我！」

在衛國住了一個多月，有一天，衛靈公和夫人南子外出，他們同乘一輛車，讓孔子在另一輛車上跟在他們的後面，招搖過市，可把孔子氣壞了。孔子生氣地說：「吾未見好德如好色者也」，我還沒有見過喜好有德行的人像這樣喜歡美色的人啊！於是就離開衛國到曹國去。

孔子離開曹國到了宋國，在宋國時得罪了宋國司馬桓魋。桓魋派人用石頭為自己建

◉ 子見南子圖

◉ 同車次乘圖

⊙ 宋人伐樹

造外槨，歷時三年都沒有做好，孔子對這種既違背禮制又奢侈無度的行為非常不滿，就說「像這樣奢侈，死後還不如儘快爛掉的好」，這句話傳到桓魋那裏，就想找機會報復孔子。有一天，孔子和弟子們在大樹下演習禮儀，宋國的司馬桓魋聽說後，要殺孔子，就派人伐掉了大樹，先給孔子一個下馬威。弟子們催促孔子快走，孔子還自作鎮靜地說：「上天把道德交給了我，桓魋能把我怎麼樣！」

但是，孔子和弟子們還是跑散了，孔子一個人跑到了鄭國，孤零零地站在鄭國的東門外。弟子們找不到孔子，就向人打聽。一個鄭國人告訴子貢說，「東門有一個人，他的額頭像唐堯，脖子像皋陶，肩膀像子產，腰以下比大禹矮三寸，急急忙忙的樣子就像一條喪家狗」。子貢按照這個人的指點果然在東門外找到了孔子，

⊙ 累累說聖樹

並把經過和鄭國人的話告訴了孔子。孔子一點也不惱，反而高興地說：「他說的我的形象不一定對，但說我像條喪家狗，是的！是的！」

在鄭國也不能停留，孔子於是到

圖說孔子

了陳國，住在司城貞子的家裏。雖然待了三年，陳國也沒有給孔子事情做，大概除了教學，孔子也沒有做過什麼大事。見之於史書記載的有楛矢貫隼和陵陽罷役兩件事。

◎ 楛矢貫隼

有一天，許多隼鳥落在陳國的宮廷中死了，牠們是被長一尺八寸、楛木箭杆、石頭箭簇的箭射死的。陳湣公很奇怪，就派人去問孔子。孔子說：這些鳥是從很遠的地方飛來的，這些箭是肅慎部族的箭。武王滅商後，讓周邊的所有部族都貢獻自己的特產，以此提醒他們不要忘記自己的職責和義務，肅慎部族貢獻的就是長一尺八寸、楛木箭杆、石頭箭簇的箭。武王為了顯示自己的功績，就把肅慎部族的箭分給了長女太姬，太姬嫁給了虞胡公，虞胡公封在陳國。周初分封時，將珍寶玉器分給同姓諸侯，是為了表示重視親族；將遠方部族的貢品分給外姓的諸侯，是為了讓他們不要忘了服從周王朝。所以肅慎部族的箭就分給了陳國，陳國的倉庫中應該有這種箭。陳湣公派人到倉庫中一找，果然找到這種箭。從這件事情看，孔子是非常熟悉周朝歷史的。

◎ 陵陽罷役

陵陽罷役的經過是這樣的：陳國國君修建陵陽臺，工程沒有竣工就殺了幾十人，又要殺死三名監工，孔子聽說後就去見陳湣公。孔子與陳湣公一起登上陵陽臺，讚歎說「這個臺真美啊！自古以來，聖明的帝王沒有

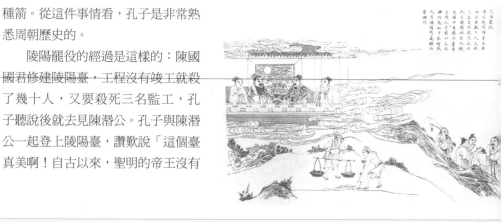

不殺一個人能做成這樣的臺子的」，陳潛公知道孔子說的是反話，一句話也沒說，回去就赦免了那三名監工。不久，陳潛公就問孔子說：「過去周朝建造靈臺也殺人沒有？」孔子回答說：「周文王興起的時候，依附他的有六個州，六州的人民像兒子給父母做事一樣來建造靈臺，沒到時間就提前建成了，哪裏還需要殺人呢？」

　　孔子在陳國居住了三年，正是陳國不得安寧的時候，晉國和楚國爭霸，兩國輪番攻打陳國，吳國也來攻打，形勢十分危險。孔子和弟子們也無法發揮自己的才能，孔子感嘆說：「回去吧！回去吧！我們家鄉的那些弟子志向高遠，卓有文采，我都不知道怎樣指導他們了」。於是帶領弟子們離開陳國。

　　經過蒲邑的時候，正好碰上公叔氏叛亂，怕孔子到衛國走漏了消息，就將孔子師徒扣押起來。孔子有個弟子叫公良孺，帶領自己家的五輛車子跟隨周遊列國，他身材高大，品德好，勇敢有力，對此很惱火，他說「我過去跟隨老師在匡邑被包圍，現在又遭此難，這是命吧！我和老師再遭圍困，寧願戰鬥而死」。他與蒲人打得很厲害，蒲人害怕了，就對孔子說「如果你們不到衛國去，我就放了你」，孔子於是就和蒲人簽訂了盟約，蒲人也就從東門放走孔子師徒。孔子一出蒲邑就去衛國，子貢問：「盟約可以違背嗎？」孔子說：「在要脅情況下訂立的盟約，神是不會認可的。」

　　衛靈公聽說孔子從蒲邑來，非常高興，親自到城外迎接。他問孔子

◎ 靈公郊迎

「可以討伐蒲邑嗎」，孔子說「可以」，衛靈公又問，「我的大夫們認為不可以。現在蒲邑是防衛晉國、楚國的屏障，如果我們衛國的軍隊去攻打他們，恐怕不可以吧？」孔子回答說，「蒲邑的男子有誓死保家衛國的決心，婦女有保衛西河的志向。我們所要討伐的不過四、五個帶頭叛亂的人罷了」。衛靈公認為很好，但最後仍沒有出兵去討伐。

　　孔子這次在衛國時，衛靈公已經老了，他懶於處理政務，也不任用孔子。孔子周遊列國一方面是到處宣傳自己仁政德治的政治主張，一方面是尋找推行自己政治主張、實現自己政治抱負的機會，但是在外風塵僕僕地奔波了這麼多年，一無所成，孔子感嘆地說：「如果有誰用我執政，一年就差不多，三年就會大見成效。」

　　孔子深知時不我待，急於尋找從政展抱負的機會。趙簡子攻打范氏和中行氏，討伐中牟，中牟宰佛肸就在中牟反叛趙簡子。佛肸知道孔子的才幹，就派人去請孔子，孔子很想去。弟子子路勸孔子說：「我聽老師您說過，『親自做壞事的人那裏君子是不去的』。現在佛肸占據中牟作亂，老師您卻想到他那兒去，這是為什麼？」孔子回答說：「我是說過這句話，但我不是也說過堅硬的東西是磨不薄的，潔白的東西是染不黑的。我難道只是中看不中吃的葫蘆，怎麼能老掛在那裏不給人吃呢？」孔子雖然這樣說，但是最終還是沒有去。

　　在衛國閒著沒事，孔子就擊磬奏樂。一天，一個背著筐子的人路過孔子門口，聽到從門裏傳出的樂聲就說：「有心思啊，敲磬啊！」聽了一會，他又說：「可鄙啊！磬聲硜硜。沒有人瞭解自己就算了。水深的話，就穿著衣服淌過去；水淺的話，就撩起衣服走過去。」孔子聽到了他的話，就說：「這個人太堅決了！是沒有辦法說服他的。」

　　孔子在衛國得不到任用，就想到晉國去見趙簡子尋找機會。但剛到黃河邊上，就聽說竇鳴犢和舜華被殺的消息。孔子放棄了去晉國的打算，在河邊嘆息說：「真美的水啊，浩浩蕩蕩。我孔丘不能渡

◎ 適衛擊磬

◉ 西河返駕

過去，是命吧！」子貢不理解，就上前去問：「您這是什麼意思哪？」孔子回答說：「竇鳴犢、舜華都是晉國有才有德的大夫，趙簡子還沒有得志的時候必須依靠這兩個人才能從政，等到他得志了，就殺了這兩個人單獨執政。我聽說剖腹取胎殺害幼獸，麒麟就不會到城郊來；排乾了水抓魚，蛟龍就不會調和陰陽行雲布雨；搗毀鳥巢毀壞鳥蛋，鳳凰就不會到此飛翔。這是為什麼呢？君子忌諱傷害他的同類啊！那些鳥獸對不義行為的都知道避開，何況我孔丘呢！」孔子於是回到陬鄉休息，創作了琴曲〈陬操〉悼念竇鳴犢和舜華。最後仍然回到衛國，寄住在蘧伯玉家。

回到衛國，孔子仍然經常去見衛靈公。一天，衛靈公問孔子排兵打仗的事情。孔子不喜歡戰爭，就回答說「祭祀的事情我倒曾經聽說過，排兵打仗的事情沒有學過」，惹得衛靈公好不高興。第二天再和孔子談話時衛靈公就不理孔子，仰看天上的飛雁。孔子明白了，第二天就離開衛國，再次到陳國去。

◉ 靈公問陳

圖
說
孔
子

知魯廟災。孔子在陳陳候問災孔子曰其桓僖乎
此乃先問政人心事陳候問災孔子曰政在節財火
之魯廟先知何以知之事司馬季主對以明其
陳候曰善孔子嘆曰一火先知僖桓曰其桓僖乎
明知灾殃在廟火既以明廟孔
火既先桓僖乎廟先知
守之不能先知僖桓之廟
子言火廟死生吉凶之數

◎ 知魯廟災

　　魯哀公三年（前492年），衛靈公去世，魯國國君的廟宇也發生了火災，孔子雖然遠在陳國，聽說失火，他馬上就斷定發生火災的一定是魯桓公和魯僖公的廟。按照周禮的規定，諸侯五廟，除始祖外，只能是現任國君的父、祖、曾祖、高祖能有獨立的廟宇，桓公、僖公早已超出了四代，是不能夠再保存獨立廟宇的，發生火災一定要燒掉他倆的專廟。事實證明，孔子的判斷是正確的。

　　這年秋天，季桓子病重將死，乘著車去看魯城，他感慨地說：「從前這個國家就要興盛了，因為我得罪了孔子，孔子離開了魯國，所以沒有興盛起來」，並對兒子季康子說「我就要死了，我死後你一定會輔助國君。你輔助國君，一定要召回孔子。」沒過幾天，季桓子就死了。季康子執政，辦完喪事，就想召回孔子。大夫公之魚勸他說：「從前國

◎ 魯國故城城牆
在曲阜老城南。

君曾經重用孔子，但沒有善始善終，最後被諸侯恥笑。現在您再次任用他，不能善始善終，會再次招來諸侯的恥笑。」季康子動搖了，就問「那召回誰為好呢」，公之魚勸他召回冉求，於是季康子派人去召冉求。冉求將要動身回國時，孔子對他說「這次召你回去，不是小用你，而是要重用你」，並且再次感嘆地說：「回去吧！回去吧！我們家鄉的那些弟子志向高達，卓有文采，我都不知道怎樣指導他們了。」子貢知道孔子也想回去，在送冉求回去的時候告訴他，回去一受到重用就趕快請孔子回去。

哀公四年，孔子從陳國遷到蔡國，第二年，又從蔡國到了楚國的葉邑。葉邑的統治者葉公向孔子請教為政的道理，孔子告訴他「為政的道理在於招納遠方的人才，使近處的人民歸服」。有一天，葉公向子路問孔子的情況，子路沒有回答，孔子聽說後就對子路說：「你為什麼不這樣回答他，『他的做人是追求學問永不疲倦，教導別人永不厭倦，發憤學習忘記吃飯，樂天知命忘記了憂愁，連將要衰老也不知道』。」歷經磨難的孔子仍然志氣昂揚。

孔子離開葉邑，返回蔡國的途中找不到渡口，孔子看到兩個人在並肩耕種，認為他們是隱居不仕的賢人，就派子路去打聽。長沮問子路，「那個拉著韁繩的人是誰？」子路說「是孔丘」，長沮又問：「是魯國的孔丘嗎？」子路回答說是，長沮就說「他知道渡口」。桀溺問子路：「你是誰？」子路說「我是仲由」，桀溺說：「你是孔丘的徒弟嗎？」子路說「是的」。桀溺說：「像洪水一樣的壞東西到處都是，你們和誰去改變它呢？你與其跟著孔丘那種逃避壞人的人，為什麼不跟著我們這些逃避這個黑暗社會的人呢？」說完，繼續種他的地。子路回來把整個經過告訴了孔子，孔子失望地說：「我們不能和飛禽走獸合群共處，如果不同人打交道又同什麼打交道呢？如果天下太平，我就不會去從事改革了。」

有一天，子路脫了隊，就向一位用拐杖挑著除草用具的老人問「您見到夫子沒有」，老人說：「四肢不勞動，五穀分不清，誰能稱作夫子？」然後把拐杖插在地上就去拔草。子路一聽是個有見識的人，就不再說話，拱手站在一邊。天太晚了，老人就留下子路住宿，又殺雞又做飯，招待子路，並把他的兩個兒子也叫出來拜見。第二天，子路找到孔子，把昨天的經過訴說了一遍。孔子聽後說「這是個隱居的人」，並派子路回去找他，但他已經走了。子路回來

◉ 子路問津

說：「不出仕做官是不合道義的。長幼之間的禮節是不能廢棄的，君臣之間的大義怎麼能廢棄呢？隱居不仕只想潔身自好，但卻亂了人間大倫。君子出仕做官是爲了盡自己應盡的義務，至於我們的政治主張行不通是早就知道的了。」

　　孔子遷到蔡國的第三年，也就是魯哀公六年，吳國進攻陳國，楚國出兵援助陳國，軍隊就駐紮在城父，聽說孔子就在陳國和蔡國之間，就派人去請孔子。孔子也打算去拜見楚昭王，因爲對楚昭王他是有好印象的。楚昭王生了病，占卜後認爲是黃河作怪，卜人建議去黃河祭祀，昭王不同意，大夫們請求在郊外祭祀，昭王也不同意，他說：「三代的制度規定，祭祀範圍不能超出本國的山川。長江、漢水、睢水、漳水是楚國的大河，降禍賜福，不會超出這些神靈。我雖然沒有德行，也不該黃河之神降罪。」孔子聽說後，對昭王大加讚賞，「昭王懂得大道理，他沒有失掉國家是應該的」，並引用《夏書·五子之歌》「惟彼陶唐，帥彼天常，有此冀方」讚揚昭王遵循上天的常道進而據有四方，引用〈大禹謨〉「允出茲在茲，由己率常可也」讚揚昭王遵循常道。

◉ 子路問津處　在河南新蔡。

陳國、蔡國的大夫們聽說楚國邀請孔子，就聚集商量說「孔子是個有才德的賢人，他的譏笑諷刺都切中諸侯的弊病。現在他長久地逗留在陳國和蔡國之間，各位大夫的施政措施和行為都不合孔子的心意。現在楚國是大國，派人聘請孔子，如果孔子得用於楚國，那麼陳國和蔡國掌權的大夫們就危險了」，於是他們就共同派一些服勞役的人把孔子師徒包圍在曠野裏。孔子師徒七天七夜都沒有吃飯，弟子們都餓得爬不起來，但孔子仍然不停地給弟子們講學，誦讀詩歌，彈琴唱歌。子路受不了了，帶著生氣的臉色去見孔子，開口就問「君子也有困窘的時候嗎」，孔子見子路臉色不好，就開導他說君子當然也有困窘的時候，但是在困窘的時候君子能夠堅守節操，小人卻會什麼樣的壞事都能做出來。子貢一聽這話，臉色也變了，孔子就問子貢：你認為我是博學強記的人嗎？子貢說我認為是的，難道不對嗎？孔子說是不對的，我用一個原則貫穿其中。

孔子知道弟子們心中都不高興，就把子路叫來問他：《詩經》說「匪兕匪虎，率彼曠野」，我們既不是犀牛，也不是老虎，為什麼徘徊在曠野裏，是我們的學說不對嗎？為什麼會落到這種地步呢？子路回答說：「大概我們的仁德還不夠，所以人家不信任我們；想必是我們不夠明智，所以人家不放我們走。」孔子說：「是這樣嗎？假使有仁德的人一定能使人信

◉ 在陳絕糧

⊙ 絃歌臺

臺在河南淮陽。為
紀念孔子在陳絕糧
絃歌不斷而建。

任，怎麼能有伯夷、叔齊？假使明智的人一定能行得通，怎麼能有王子比干？」

子路退出後，子貢走進來，孔子也問他相同的話，子貢的回答和子路大不相同。他說：「老師的學說博大到了極點，所以天下沒有一個國家能容納得下您。老師您為什麼不稍微降低一下您的標準呢？」孔子教育他說：「好的農夫善於耕種但不一定能有好的收穫，好的工匠有精巧的手藝但作品不一定能讓人都滿意。有修養的人能創建自己的學說，先構建出大綱，然後再依照順序進行條理，但卻不一定為世人所接受。現在你不去完善你的學說卻降格去追求世人的接受，你的志向不夠遠大啊！」

子貢退出後，顏回又走進來，孔子也問他相同的話，顏回的回答最讓孔子滿意。他說：「老師的學說博大到了極點，所以天下不能容納。雖然這樣，老師您仍然推行自己的學說，不被接受有什麼毛病，不被接受才能顯出君子的本色！學說不能完善是我們的恥辱，學說完善了而不能被使用

邢是國君的恥辱。不被接受有什麼毛病，不被接受才能顯示君子的本色！」顏回的一席話使孔子非常高興，「有這樣的話嗎？顏家的小子，如果你發了財，我給你當管家」。

最後，孔子派子貢到楚國去，楚國派出軍隊來迎接，孔子師徒才倖免於難。

到了楚國，楚昭王想把七百里的地方分封給孔子，楚國的令尹（宰相）子西不同意，他勸昭王說：大王派往各國的使者有像子貢的嗎？左右輔佐的大臣有像顏回的嗎？將帥有像子路的嗎？辦事官員有像宰予的嗎？楚昭王都說沒有。子西繼續說：「楚國的祖先在周朝受封，封號名義是子爵，其實土地跟男爵相同，只有方圓五十里。現在孔丘講述三皇五帝的制度，宣傳周公、召公輔佐天子的功績，大王如果任用孔子，那麼楚國怎麼能夠世世代代保有方圓數千里的土地呢？當年文王在豐邑，武王在鎬京，只有百里的君主最終卻統治了天下。現在如果讓孔丘擁有了七百里的土地，加上

有才能的弟子們輔佐，這可不是楚國的福氣啊！」楚昭王聽從了子西的勸告，取消了原來的想法。到了秋天，楚昭王就死在城父了。

孔子在楚國沒有得到任用，也沒有立即離開。一天，楚國的狂人接輿唱著歌從孔子車邊走過，歌詞說「鳳兮鳳兮，何德之衰。往者不可諫，來者猶可追。已而！已而！今之從政者殆而」，鳳凰啊，鳳凰啊，你的德行為什麼這樣衰弱，過去的不能再挽回，未來的還來得及。算了吧，算了

◉ 子西阻封圖 〔清〕聖跡圖之一。

吧，現在從政的人很危險，以此奉勸孔子。孔子急忙下車，想和他交談，他卻趕快躲開，孔子也沒能同他談上話。孔子知道在楚國是沒有希望了，所以又返回衛國。

四年前，衛靈公去世，此前太子蒯聵因為得罪了南子逃奔到了國外，蒯聵的兒子就即位為國君，後世稱為出公。出公不讓父親歸國，流落在外，因此遭到諸侯的多方指責。孔子師徒在衛國停留的時間很長，許多弟子在衛國做了官，這次孔子歸來，衛出公也想請孔子

◉ 接輿狂歌圖

出來執政。子路就問孔子，「衛國國君等待您來執政，您打算首先做什麼」，孔子說「一定要正名分」，子路說：「有這樣嗎？您太迂腐了。怎麼正？」孔子批評子路說：「真粗野啊，由啊！君子對於他所不懂的就不要去說，你怎麼能亂說呢？名分不正，說話就不順；說話不順，事情就辦不成；事情辦不成，禮樂制度就不能興起；禮樂制度不能興起，刑罰就不能得當；刑罰不能得當，老百姓就不知道怎麼去做。所以君子確定的名分就一定可以說出來，說出來就一定能夠執行。君子對於自己說的話不能有一點隨便馬虎。」孔子要正名，衛出公還能當國君嗎？所以孔子又失去了一次從政的機會。

哀公十一年，齊國進攻魯國，孔子的弟子冉求擔任了季

孫氏的統帥，打敗了齊國軍隊。季康子問冉求，「你的軍事才能是學來的還是天生的」，冉求回答說是從孔子那裏學來的。季康子就問孔子是個什麼樣的人，冉求告訴他說「任用孔子要有名分，並通告全國的老百姓，盟誓於鬼神才能沒有遺憾。我雖然因為戰爭有功，累計被封到兩千五百戶，但我的老師是不會追求的」。季康子說：「我想請他回來，可以嗎？」冉求說：「想請他回來，就不要讓小人因嫉妒從中阻礙就可以了。」這時，衛國大夫孔文子準備攻打太叔，向孔子諮詢，孔子用「祭祀的事情曾經學過，打仗的事情從來沒有聽說過」的話應付他。回來後馬上叫人套車就走，並生氣地說：「鳥可以選擇樹木，樹木怎麼能選擇鳥呢？」孔文子急忙來勸阻孔子，他說「我怎麼敢替自己打算，是為了防止衛國的禍亂啊」，孔子也就不打算再走了。正好這時季康子派使者帶著禮物來迎接孔子，孔子也就返回魯國。

孔子五十五歲開始周遊列國，六十八歲時返回魯國，在外奔波了十四年，歷經磨難，先後到過衛、曹、宋、陳、蔡、楚大小近十個國家，他棲棲遑遑，席不暇暖，到處宣傳自己的政治主張，尋找施展自己政治才能的機會，但沒有一個國君肯採用他的主張，給他一個實現自己政治抱負的機會，相反，他和弟子們「削跡於衛，伐樹於宋，窮於商周，圍於陳蔡」，吃盡了閉門羹。

◉ 幣迎歸魯

晚年淒涼

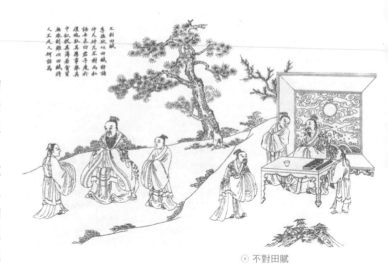

⊙ 不對田賦

周遊列國歸來的孔子，雖然已垂垂老矣，但歷經磨難並沒有改變孔子的本性，他仍然堅持自己的政治主張。季康子派人接回孔子，當初恐怕有重用他的想法，但是在田賦改革上就沒有得到孔子的支持。《左傳》記載說：季康子想實行名爲田賦的徵稅方法，派冉求去徵求孔子的意見，孔子以不懂做答，冉求問了三次，孔子仍不表示意見。冉求說：「您是退休的卿大夫，國家等待您的意見辦事，您爲什麼不發表意見呢？」孔子仍不表態，私下對冉求說：「君子辦事情，要用禮來衡量，施捨要多，辦事要適中，賦斂要少。如果這樣，按照原來的辦法也就足夠了。如果不用禮來衡量，而是貪婪無厭，即使按照新的田賦方法徵稅也還是不會夠的。季孫氏如果做事想合乎法度，有周公的典章制度在那裏，如果想隨意行事，又何必徵求我的意見。」對於用田賦的方法比魯國原來實行的丘法增加了多少稅收，史學界的意見不一，但加重了稅收是毫無疑義的。孔子一向反對加重對人民的剝削，疾惡如仇，這次可能考慮到剛回魯國，也許對季康子有所期待，所以沒有同季康子正面衝突，公開表示反對，只是私下表示不同意見，當然也希望通過冉求向季康子轉達自己的意見。但是，季孫氏沒有聽取孔子的意見，仍然實行田賦法徵稅。孔子大爲惱火，他不便公開反對季康子，就把一腔怒火發洩在幫助季康子的冉求身上，公開宣稱冉求不是我的弟子，鼓動弟子們敲著鼓去攻擊他。孔子雖然沒有正面攻擊季

康子，但季康子也知道孔子不是自己的同路人，也就不會再考慮重用孔子的問題了。

也許此次以後，孔子對季康子失去了希望，他對季康子逐漸轉向公開批評甚至當面指責的態度。《論語》記載季康子問政共五次，在季康子問如何才能使人民嚴肅認真、盡心竭力、互相勸勉，孔子回答說「你對人民恭敬莊重，人民就會嚴肅認真；你孝敬父母、慈愛幼小，人民就會盡心竭力；你選用賢人，教育能力差的人，人民就會互相勸勉」，回答還是比較客氣的。但在回答孔子弟子是否可以從政時口氣就大不一樣了。季康子問「仲由可以從政嗎」，孔子說：

◉ 孔鯉墓

墓在孔林孔子墓東側。

「仲由辦事果斷，處理政事有什麼困難？」問端木賜，孔子說：「端木賜通情達理，處理政事有什麼困難？」問冉求，孔子說：「冉求多才多藝，處理政事有什麼困難？」一副不屑於問的樣子。在回答季康子「殺掉壞人親近好人怎麼樣」時就公開進行批評，「您治理國家為什麼要殺人？您存心向善，老百姓就會一心向善。君子的品德就像風，老百姓的品德就像草，風向哪邊吹，草就向哪邊倒。」在回答季康子另一次問政時就是在教訓他，「政治就是端正。您帶頭端正，誰敢不端正？」在回答季康子問強盜太多怎麼辦時，孔子簡直就是指著鼻子在指責他：「如果您不貪財，就是獎勵他們，他們也不會去偷去搶。」雖然季康子年齡比孔子要小許多，但他畢竟是魯國的正卿，魯國實際的統治者，對於這樣一個處處敢於同自己對抗的人，季康子能夠重用嗎？

魯國不能再用孔子，孔子也失去了從政的熱情。他知道，自己的政治理想已經不可能在當時實現，他只能寄希望於自己的弟子，寄希望於後世，所以他將自己的晚年精力放在教育弟子和整理古代文獻上，將自己的思想寄予在自己的著述中（詳見孔子的貢獻一章）。

古人說，人生有三不幸，少年喪父，中年喪妻，晚年喪子，孔子可以說是占全了。他三歲喪父，六十九歲死去了獨生子孔鯉，妻子雖然不能算是中年時去世，但是孔子五十五歲離開魯國，再也沒有見到她，在孔子周遊列國回來的前一年也就是孔子六十七歲時先孔子而去。除了人生三不幸，孔子還有更大、更多的不幸，那就是許多優秀年輕的弟子先他而去。

魯哀公十四年（前481年），孔子最喜愛的弟子顏回去世了。顏回家貧好學，對孔子亦步亦趨，孔子曾表揚他「不遷怒，不貳過」，「其心三月不違仁」，「一簞食，一瓢飲，在陋巷，人不堪其憂，回也不改其樂，賢哉回也」。顏回去世時只有四十二歲，白髮人送黑髮人，情何以堪，孔子哭得非常悲痛，連呼：「老天要我的命啊！老天要我的命啊！」弟子們說「老師太悲痛了」，孔子說「不為這人悲痛還為誰悲痛呢」。孔子雖然內心很悲痛，但是對顏回喪事的處理，還是嚴格按照禮制去辦。顏回的父親顏路想讓孔子賣掉他的車為顏回置辦棺材的外槨，這是不符合禮制的，孔子不便明言，就推託說「我的兒子去世的時候，也是只有棺沒有槨，我也沒有將車賣掉為他買外槨。因為我是個大夫，出門不能沒有車」。弟子們想厚葬顏回，孔子也不同意，但是弟子們還是厚葬了顏回，孔子很內疚地說：「顏回把我當父親看，我卻沒有把顏回當兒子對待，厚葬不是我的主張，是那幾個弟子做的。」

第二年，衛國發生了政變，忠心耿耿的子路死在政變之中。衛靈公三十九年（前496年），太子蒯聵因對南子不滿，策劃將她殺死，但是沒有成功，只好逃亡他國。三年後，靈公去世，蒯聵的兒子即位當了國君，十二年後，蒯聵在其姐姐的幫

◉ 顏回墓
墓在曲阜城東顏子林內。

◉ 子路祠　祠在河南濮陽。

助下潛回衛國，挾持外甥孔悝發動政變，將兒子出公趕出國外。孔悝的家臣欒寧派人將政變的消息告訴子路，子路馬上趕往國都，在城門外碰到出逃的同學高柴，高柴告訴子路城門已經關上，勸他不要進城自找禍難，子路不聽，他說「吃了人家的俸祿就不能躲避禍難」。高柴跑回了魯國，子路卻進了城。到了孔悝家的大門，守門的公孫敢也勸他不要進去，子路說「我享用了他的俸祿，就一定要解救他的災難」，趁使者出門的機會進了大門。到了劫持孔悝的高臺前，子路說「太子是個沒有勇氣的人，如果放火燒臺，燒到一半，太子就會放了孔悝」，蒯聵很害怕，就派石乞、孟黶下臺抵抗子路，用戈砍斷了子路的帽帶。子路說「君子死的時候，不能不戴帽子」，於是去結帽帶，結果被砍成了肉泥。孔子聽說衛國發生政變，就說「高柴大概會回來的，子路是一定會死的」，結果被孔子不幸而言中，孔子聽說子路被砍成了肉醬，馬上派人去倒掉廚房的肉醢。

聖門四科中德行科的另一個著名弟子冉耕大概也是在這個時候去世的。冉耕得了重病，孔子去看望他，冉耕可能得的是傳染病，孔子沒有進屋，從窗子裏抓住他的手，非常惋惜地說：「不行了，這是命啊！這樣的人竟然得了這種病！這種人竟然得了這種病！」

孔子晚年不順心的事也不少，魯哀公十四年，也就是孔子去世的前

◉ 西狩獲麟

⊙ 沐浴請討

兩年，一年就有兩件事。一件是在春天，魯國打獵，打死一
隻怪獸，孔子聽說後就專門去看，他說：「這是麒麟啊！」
麒麟是一種瑞獸，只有在政治清明、社會安定的時候才會出
現，現在是亂世，麒麟出現後就被殺害，孔子說「黃河裏不
出現神龍背負河圖，洛水裏不出現靈龜背負洛書，我就要完
了」，「我的思想也到了盡頭了」，天下清平無望，孔子絕
望了，連正在編寫的《春秋》也停筆不寫了。二是齊國的陳
恒殺死了齊簡公。陳恒殺死了國君，孔子認爲這是大逆不道
的大事，他齋戒三天，然後去見魯哀公，三次請求魯哀公出
兵討伐陳恒，魯哀公認爲魯國已經被齊國削弱了很久，是不
可能戰勝的，孔子認爲齊國有一半的人不支持陳恒，加上魯
國就能戰勝他。魯哀公沒有辦法，就說你去告訴季孫氏吧，
孔子一看沒有希望了，就從魯哀公的宮殿裏退了出來，對別
人說：「因爲我是一個大夫，所以我不敢不說話。」

　　魯哀公十六年（西元前479年）四月，孔子病了，子貢
前來看望，孔子正拄著拐杖在門口悠閒地散步，他看到子貢
就說：「你爲什麼來得這麼晚？」然後長嘆一聲唱起了歌：

⊙ 夢奠兩楹

孔子夢見自己坐在兩個廊柱之間，與孔子祖先殷代人停柩的模式相似，就認為自己快要死了。

說：「國君恐怕不能在魯國壽終正寢吧。老師孔子曾經說過：『喪失禮法就會昏亂，喪失名分就有過失。』喪失意志就叫昏亂，喪失名分就叫過失。活著的時候不能任用，死了以後卻致詞悼念，這是不合乎禮儀的。自稱『一人』，這是不合乎名分的。國君這兩方面都錯了。」事實證明，子貢的判斷是正確的，十一年後，魯哀公被三桓所逼逃往越國，第二年客死在那裏。

「泰山就要倒了，梁柱就要斷了，哲人就要死了」，淚隨歌下。對子貢說「天下失去正道已經很久了，沒有人尊奉我的主張。夏代人的棺材停放在東邊的臺階旁，周代人的棺材停放在西邊的臺階旁，殷代人的棺材停放在兩個柱子之間。昨天晚上我夢見自己坐在兩個柱子之間接受祭奠，我原來是殷代人啊」，孔子覺得自己快要死了。七天後，孔子就去世了。這天是周代曆法的四月己丑，也就是夏曆的二月十一日。

孔子死後，魯哀公曾親自為孔子致弔唁的誄詞：「旻天不弔，不愁遺一老，俾屏余一人以在位，煢煢余在疚。嗚呼哀哉！尼父，無自律！」老天爺不善良，為什麼不留下這個老人，使他保護我在位治國，孤零零的我內心痛苦。嗚呼哀哉！孔子，我沒法控制自己！子貢聽了哀公的誄詞後

孔子惟一兒子孔鯉已經去世，孫

⊙ 孔子墓　墓在曲阜孔林內。

◉ 治任別歸

孔子死後，弟子守墓三年後離去，獨子貢再守三年。

子子思年幼，喪事是由弟子們料理的。弟子們將孔子埋葬在魯國城北的泗水南岸，並為孔子守墓三年。守墓期滿，相對而哭，道別而去，有的弟子就留在魯國，只有子貢在孔子墓側守墓六年。弟子們在給孔子守墓時，還都從自己的家鄉帶來本地的樹種栽植在孔子墓的周圍，所以孔林裏樹木種類繁多，至今還有許多並非本地的樹種。

孔子死後，弟子和本地人有一百多家遷移到孔子墓前居住，以致形成了名為孔里的村落。當時人們按時在孔子墓前舉行祭祀，而魯國的儒生們也在孔子墓前舉行鄉飲大射的禮儀活動。孔子死後，子孫們也埋葬在孔子墓的周圍。從漢代開始，孔林由國家進行保護，經過歷代擴建，到清康熙年間就擴展到占地

◉ 子貢廬墓處　在孔林孔子墓西側。

⊙ 孔林鳥瞰

孔林是孔子及其後代的墓地，有墓葬十多萬座。

兩平方公里的規模，並修建了長達七公里長的圍牆。

孔子去世後，他的故居被改作廟宇，收藏了孔子生前使用過的衣服、帽子、琴、車子和書籍。漢高祖劉邦路過曲阜曾經親自用太牢（牛、豬、羊等祭品）祭祀孔子，後代儒家認爲此舉奠立了漢家四百年的基業，以後許多皇帝紛紛效仿，東漢光武帝劉秀、明帝劉莊、章帝劉炟、安帝劉祜、北魏孝文帝元弘、唐高宗李治、唐玄宗李隆基、後周太祖郭威、宋真宗趙恒、清聖祖玄燁、清高宗弘曆都

曾親自到曲阜孔廟祭祀孔子。歷代王朝也對孔子廟保護有加，不斷擴大維修，使孔子廟成爲世界上延續時間最久的廟宇。

歷代王朝在推崇孔子的同時，也對孔子後裔備加優待。漢高祖劉邦始封孔子九代孫孔騰爲奉祀君，主管祭祀孔子和看護孔子林廟。此後代代加封，相繼被封爲襃成君、襃成侯（漢）、宗聖侯（曹魏）、奉聖亭侯（晉至陳）、崇聖侯（北魏）、恭聖侯（北齊）、鄒國公（北周）、紹聖侯（隋）、襃聖侯、文宣公（唐），北宋至和二年（1055年），宋仁宗改封孔子四十六代孫孔宗願爲衍聖公，此

封號歷經金、元、明、清而
不改，1935年才因共和體制下
不能保存封建爵號改封爲大
成至聖先師孔子奉祀官。歷
代還爲孔子嫡孫修建了辦公
衙署，宋代以後稱爲衍聖公
府，人們習慣上稱爲孔府。

　　現在，孔林、孔廟、孔
府均因具有重要的歷史文化
價值被聯合國教科文組織公
布爲世界文化遺產。

◎ 孔廟鳥瞰
　　孔廟是在孔子故宅基礎上擴建成的，占地面積十三萬平方公
　　尺，有建築一百多座。

◎ 孔府鳥瞰
　　孔府是孔子嫡孫的官署
　　和住宅，占地面積十二
　　萬平方公尺，有建築
　　六百多間。

孔子 的 思想

Illustrated Life of Confucius.

《政治思想》
《倫理思想》
《教育思想》
《哲學思想》
《經濟思想》
《管理思想》
《史學思想》
《軍事思想》

孔子的思想

孔子出生在魯國一個破落的小貴族家庭裏，家境貧寒，但他不甘沉淪，自幼潛心向學，以食無求飽、居無求安的精神，學無常師，不恥下問，好古敏求，學而不厭，一生都如饑似渴地追求知識，終於使自己成為知識淵博、多才多藝的文化巨人。

孔子生逢亂世，但他敢於抗爭，以濟世化民為己任，積極入世，干預社會，改造社會，提出「天下為公」的大同世界理想和「刑仁講讓」的小康社會近期目標。他主張仁政德治，提倡教化，反對苛政，壯志難酬，興學設教，對傳統思想文化進行整理、總結、融會貫通，鍛造出博大精深的儒家思想體系，成為我國古代最偉大的思想家、政治家、教育家。

正如古人所讚頌的那樣，孔子確實是「集古聖先賢之大成」，他既是集過去時代學問思想的大成者，又是一個新時代的開創者。他所創立的儒家思想體系，思想精深，內容廣博，按現代方法劃分，包括哲學、政治學、倫理學、教育學、經濟學、史學、文藝學、軍事學等許多思想領域。

政治思想

孔子創立的儒家思想曾經是中國兩千多年封建社會的思想基礎和精神支柱，它既是統治者治國安民的圭臬，也是平民百姓修身立世的準則，對中國社會的各個方面都產生了非常深刻的影響。孔子雖然被尊為至聖先師，但他對中國社會影響最深的並不是他的教育思想，而是他的政治思想。

政治理想

孔子生活的春秋時期，大一統的周王朝已經名存實亡，周天子雖然名義上為天下共主，但權力已經下移，「王道衰，禮儀廢，政權失，家殊俗」，王道衰微，禮儀廢弛，諸侯各自為政，大夫掌握了國家的命運，家臣掌握了大夫的實權，社會嚴重失

◉ 孔子、顏回、曾參三聖像

〔明〕佚名 作。衣服上寫滿了《論語》。

序，「君不君、臣不臣、父不父、子不子」成爲時代的顯著特點。孔子爲了重整社會秩序，針對當時的社會現實，通過考察古代政治制度的興廢、社會的治亂和國家興亡的歷史，從仁的人本哲學思想出發，以懷古的方式憧憬未來，提出了大同世界和小康社會兩個不同層次的政治理想。

大同世界是孔子的最高理想，遠期的目標。他的美好藍圖見於《禮記·禮運》篇：

「大道之行也，天下爲公，選賢與能，講信修睦，故人不獨親其親，不獨子其子，使老有所終，壯有所用，幼有所長，矜寡孤獨廢疾者皆有所養。男有分，女有歸。貨，惡其棄於地也，不必藏於己；力，惡其不出於身也，不必爲己。是故謀閉而不興，盜竊亂賊而不作，故外戶不閉，是謂大同。」

天下大同的社會，天下爲人民所共有，選舉德才兼備的人才來治理，人們講究信用，和睦相處，不只親愛自己的親人，撫養自己的子女，而且使所有的老年人都得到贍養，成年人都能施展自己的才能，兒童都能得到撫養，鰥夫、寡婦、孤獨者、殘疾人都能得到照顧；男子都有自己的職責，女子都能適時嫁人；人們厭惡財富被浪費但並不攫爲己有，厭惡有力

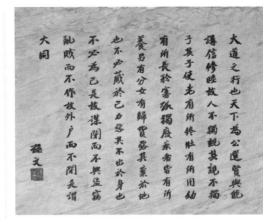

◉ 孫中山書〈大同〉篇

氣不用但不爲自己謀利；陰謀詭計被遏制，盜賊和亂賊無法出現，夜不閉戶，這是一幅多麼美好的社會景象。這是孔子憧憬的古代理想社會，也就是傳說中的堯、舜時代的社會美景，它是孔子政治理想的最高境界。

小康社會是孔子較低的政治理想，近期的目標。他的藍圖也見於《禮記·禮運》篇：

「今大道既隱，天下爲家，各親其親，各子其子，貨、力皆爲己；大人世及以爲禮，城溝池以爲固，禮義以爲紀，以正君臣，以篤父子，以睦兄弟，以和夫婦，以設制度，以立田里，以賢勇知，以功爲己。故謀用是作，而兵由此起，禹、湯、文、武、成王、周公由此其選也。此六君子者，未有不謹於禮者也，以著其義，

以考其信，著有過，刑仁講讓，示民有常。如有不由此者，在執者去，眾以爲殃。是謂小康。」

「小康」社會的基本特點是：天下變成了私人的天下，人們只親愛自己的親人，只撫養自己的子女，財富、力氣都爲自己；官位世襲，與這種貴賤不等相適應，制定了一系列的典章

⊙ 周公廟　廟在曲阜東關外。

制度、倫理道德，以端正君臣關係，加深父子親情，和睦兄弟，和順夫妻，劃分田地，尊敬勇敢聰明的人。這種社會顯然沒有「大同」世界那樣完美，權謀施展，戰爭興起，但社會有序，以禮表彰道義，成全信用，揭露過失，樹立仁愛，提倡謙讓，指示人們遵守法規，可以稱爲小康社會。小康社會實際上描述了私有制產生後理想階級社會的盛世，也就是夏、商、周階級出現之初的社會景象，這是孔子近期的奮鬥目標。

近代學者認爲，《禮記》是孔子以後才出現的著作，雖然大同、小康的描述都出自孔子之口，但並不可信。實際上，大同、小康的思想在《論語》中也有反映。孔子理想中的大同社會就是堯舜時期，孔子稱讚堯舜重用賢人，「唐虞之際，於斯爲盛」，盛讚堯「惟天爲大，惟堯則之」，堯能像天一樣大公無私，「巍巍乎，民無能名焉，巍巍乎其有成功也，煥乎其有文章」，恩惠廣博，老百姓都不知道怎樣讚美他，功績很大，制度美好。稱讚舜有天下而不與焉，貴爲天子，富有四海，一點都不爲自己（〈泰伯〉）。再

⊙ 堯像
父系社會後期的部落聯盟首領，考察三年後將天下禪讓給舜。

結合《論語》中的仁愛、禮義、君臣、父子等觀點來看，《禮記・禮運》中的思想與《論語》中的孔子思想是一致的，大同、小康思想完全可以看作是孔子的思想。

孔子的「天下大同」和「小康」社會的政治理想對中國歷史影響很大，不同歷史時期，不同階段都有思想家、革命者提出過不同的憧憬藍圖，不同時代的思想家、政治家都有人曾經受到啟發，像洪秀全、康有為、譚嗣同、孫中山都曾受到它的影響，近代民主革命家、思想家孫中山提出的「民族、民權、民生」三大主義就是吸收了孔子的大同主張和儒家的民本思想並結合了西方資產階級的思想，而現在中國的社會主義初期階段也以小康社會作為奮鬥目標，雖然此小康並非彼小康。

政治主張

為了改變社會失序的局面，實現自己的政治理想，孔子提出了建設理想社會的政治主張，就是要尊崇天子，推行仁政，實行德治，富民教民，選用賢才。

春秋時期，社會失序，社會動亂，最主要的原因就是周天子失去

◉ 觀周明堂

孔子在周明堂看到堯舜賢明帝王和桀紂亡國之君，以及周公輔助成王的畫像，認為這是周朝興盛的原因。

圖說孔子

了管理國家的權力，諸侯擅權，不尊王室，各自爲政，互相攻伐，給人們帶來無窮的災難。孔子認爲，要使社會有序，必須尊崇周天子，維護周天子的絕對權威，恢復大一統的局面。孔子自知人微言輕，難以扭轉這種混亂局面，只能以筆代刀，將自己的觀點寄託在著述中。孟子說：「世衰道微，邪說暴行有作，臣弒其君者有之，子弒其父者有之。孔子懼，作《春秋》。《春秋》，天子之事也，是故孔子曰：『知我者其惟《春秋》乎！罪我者其惟《春秋》乎！』在《春秋》中，孔子開始就書「王正月」，對此，《公羊傳》解釋說：「王者孰謂？謂文王也。何謂先言王而後言正月？王正月也。何言乎王正月？大一統也。」周文王改定的周曆正月，首書「王正月」，是表明天下統一，各地都實行周天子的政令。爲了維護周天子的權威，周天子被晉國很不禮貌地召到踐土，這種不尊王室的行爲是孔子所不能容忍的，也不是後世應該效法的，所以孔子不能秉筆直書，爲尊者諱，記載爲「天王狩於河陽」，周天子到河陽去打獵，以此維護周天子的尊嚴。孔子在《春秋》中維護大一統，尊崇周天子，筆誅亂臣賊子，所以孟子說「孔子成《春秋》而亂臣賊子懼」。尊王實際上就是維護大一統，孔子大一統的思想對中華民族的鞏固統一作出了重要貢獻。

⊙ 侍席魯君

孔子認爲國家的急務是使人民富裕長壽，節省力役，減輕稅收人民就富裕，提倡禮教，減少刑罰人民就長壽。

孔子主張仁者愛人，愛人的思想表現在政治上就是要推行仁政，薄賦斂，輕徭役，厚施與，省刑罰。

薄賦斂就是減少向人民徵收的賦稅。魯哀公問有若：「年

侍席魯君
　魯哀公設孔子
　以厚問孰政令
　對曰政之急真
　大平使民富壽
　財省地爲力役
　賦斂則民富壽
　禮教遠罪厲則
　民壽

◎ 晏嬰沮封
齊景公問怎樣治理國家，孔子認為要節省財力。

饑，用不足，如之何？」收成不好，公室費用不足，怎麼辦。有若建議將稅收標準由十分之二改為十分之一，魯哀公認為「二吾猶不足」，怎麼能減少呢？有若說：「百姓足，君孰與不足？百姓不足，君孰與足？」大災之年，要減少百姓的賦稅，百姓富足了，國君才能富足，百姓不富足，國君怎麼能富足呢？這種以民為本的思想是非常可貴的。《論語》中的這段話雖然出自孔子弟子有若之口，但它無疑也反映了孔子的思想。季孫氏要增加土地賦稅，派冉求去徵求孔子的意見，孔子主張「施取其厚，事舉其

中，斂從其薄」，季氏沒有聽從孔子的意見，照常增加田賦，冉求作為季氏的家臣也幫助推行，孔子就公開宣布冉求不是自己的弟子，鼓動弟子們敲著鼓去攻擊他。

輕徭役就是少派人民去從事不必要的國家建設，「省力役，少賦斂，則民富矣」，節省勞役，減少賦稅，人們就會富裕；使用勞役要不誤農時，「使民以時」；使用勞役要合乎道義，「使民也義」；使用勞役要做人民願意做的事情，「擇可勞而勞之」。厚施與就是要多給人民好處，「養民也惠」（教養人民要有恩惠），「施取其厚」（給與人民要多），「博施於民而能濟眾」（廣泛地給人民以好處並幫助眾人），當然要貴族平白無故地拿出財物給人民也是很困難的，孔子提倡「惠而不費」（給人以好處而自己卻不破費），就是「因民之所利而利之」（看人民在哪方面可以得利便引導人民向哪方面去求利）。

省刑罰就是對人民少用刑律處罰，要「勝殘去殺」（克服殘暴，免除虐殺），季康子問孔子「如殺無道以就有道」（假如殺掉壞人來親近好人）怎麼樣時，孔子明確反對，「子為政，焉用殺」。孔子反對殘暴的政治，「苛政猛於虎也」就是他的

著名觀點。「孔子過泰山側，有婦人哭於墓前而哀。夫子式而聽之，使子路問之。曰：『子之哭也，壹似重有憂者。』而曰：『然。昔者吾舅死於虎，吾夫又死焉，今吾子又死焉。』夫子曰：『何爲不去也？』曰：『無苛政。』夫子曰「『小子識之，苛政猛於虎也」（《禮記・檀公下》），殘暴的統治比吃人的老虎更可怕。

孔子一直重視道德，主張依據道德來處理政事，進而形成了系統的德治思想。「爲政以德，譬如北辰，居其所而眾星拱之」（〈爲政〉），「道之以德，齊之以禮，有恥且格」（〈爲政〉），用道德治理社

⊛ 林放問禮處
在曲阜城南。

會，人民不但知道廉恥，而且也會歸服，就像群星環繞著北極星一樣。實行德治要對人民進行教化，要「齊之以禮」，用禮教對人民進行整頓，使人民有羞恥之心，人民有羞恥之心就能自覺地不去犯罪；「道之以政，齊之以刑，民免而無恥」，用政令來引導，用刑罰來整頓，人民雖然也能免於犯罪，但不會有羞恥之心，這種免於犯罪是不敢而不是自覺地避免，當然要比自覺地不去犯罪低了一等。禮字在《論語》中出現七十五次，它是孔子思想的重要概念，以致後人有的認爲禮就是孔子思想的核心，其實，禮是約束人們行爲的外在規範。「約之以禮」就是用禮來約束自己的行爲，「克己復禮」就是克制自己使自己的行爲合乎禮的規定，這些都是通過自覺使自己的行動符合社會規範，「齊之以禮」則是通過教育使人不去違背社會規範。

孔子主張德治，提倡進行教化，反對嚴刑峻法，但他並不否定刑罰，德治與刑罰是治國的兩手，兩手都要用，要交替使用。「政寬則民慢，慢則糾之以猛，猛則民殘，殘則施之以寬。寬以濟猛，猛以濟寬，政是以和」（《左傳・昭公二十年》）。政令寬大百姓就會怠慢，怠慢了就要用嚴厲來

糾正；政令嚴厲了百姓就會受到傷害，傷害了就要用寬大來補救。用寬大作嚴厲的補救，用嚴厲作寬大的補救，政事才能和順。孔子雖然贊同用嚴厲作為寬大的補救，但孔子反對不進行教育就嚴厲處罰，「不教而殺謂之虐」，不加教育便進行殺戮就是對人民的虐待。

富民教民是孔子的又一個重要政治主張。孔子進入衛國看到人口眾多，不僅稱讚說「庶矣哉！」弟子冉有問人多了以後怎麼辦，孔子說「富之。」使他們富起來，冉有又問富了以後怎麼辦，孔子說：「教之。」教育他們。《論語》中的這段對話反映了孔子富民教民的重要觀點，現代學者把它簡稱為庶、富、教。在春秋時期，地廣人稀，人是寶貴的資源，統治者喜歡人多，人多就能為統治者多創造財富，但孔子考慮問題的角度和統治者不同，他首先考慮的是改善人民的生活，讓人民富裕起來，在人民富裕起來後，還要對人民進行教育，提高人民的文化素質，這也體現了孔子愛人的思想，孔子是一位具有民本思想的政治家。

孔子深知，政治的好壞取決於執政者，他說：「文武之政，布在方策。其人存，則其政舉；其人亡，則其政息。……故為政在人。」（《中庸》）文王、武王的政令都記載在典籍裏面，那些聖君賢臣在位，那些政令就能施行；那些聖君賢臣不在了，那些政令就廢止了。為政之道，關鍵在於賢人。弟子子貢在公孫朝詢問孔子的學問是從哪裏學來的時候，子貢告訴他說：「文武之道未墜於地，在人。賢者識其大者，不賢者識其小者」（〈子張〉），都認識到人才的重要。孔子特別強調賢人的重要，他說：「舜有天下，選於眾，舉皋陶，不仁者遠矣；湯有天下，選於眾，舉伊尹，不仁者遠矣」（〈顏淵〉），選用了賢才，連壞人都沒有了存身之地。所以孔子

◎ 儒服儒行

儒者要有剛毅自守、舉賢援能、特立獨行等品德。

提出要「舉賢才」，選拔有能力的人來執政。孔子非常重視人才，魯哀公問政時他說「尊賢為大」，尊重賢人最重要。弟子子游任武城宰，孔子便問他你得到人才沒有（女得人焉耳乎），弟子仲弓問怎樣找到人才（焉知賢才而舉之），孔子告訴他：「舉爾所知。爾所不知，人其舍諸？」（〈子路〉），選拔你所知道的人才，你不知道的人才別人也不會埋沒他。魯哀公問怎樣才能使人民服從時，孔子說：「舉直錯諸枉則民服，舉枉錯諸直則民不服」（〈為政〉），把正直的人提拔到不正直的人上面人民就服從，選拔正直的人才才符合民意。

　　孔子知道實現自己的政治理想需要大量的人才，他創辦私學的目的就是要培養能推行自己主張的德才兼備的賢才，所以當季康子問弟子是否可以從政時，孔子極力推薦，「由也果，賜也達，求也藝」，仲由果敢決斷，端木賜通情達理，冉求多才多藝，都是從政的高手。弟子中確實有許多德才兼備的人才，閔損曾任費宰，冉求、冉雍曾任季氏宰，子游曾任武城宰，卜商曾任莒父宰，宓不齊曾任單父宰，端木賜曾任信陽宰，宰予曾任臨菑大夫，高柴曾任費宰、郈宰，子路任官最多，曾任季氏宰、蒲大夫、衛大夫、孔悝邑宰。許多弟子實踐了孔子的政治主張，子游任武城宰，大興教育，入境即聞弦歌之聲，宓不齊治單父師事賢人，子路治理蒲地，田地開闢，溝渠整治，房屋堅固，樹木繁茂，衙門清閒，未見子路而孔子已經再三稱讚。

◉ 武城弦歌

孔子讚揚子游以禮樂教化治理地方。

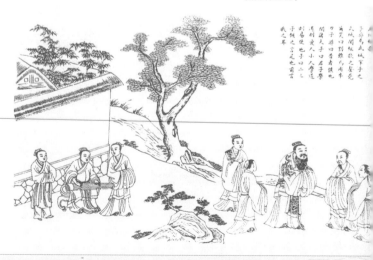

倫理思想

倫理二字最初是分別單獨使用的。倫的本意是輩，《說文解字》說「倫，輩也。從人，侖聲」，後引申為類、條理、秩序、順序，再引申為不同輩分之間應有的關係，如父子、夫婦、長幼、朋友、君臣之間的親、別、序、信、義等人倫關係。理的本意指治玉，《說文解字》說「理，治玉也」，具體是指治玉時的剖析、分析，治玉時要按照玉石的紋理剖析，引申為紋理、條理，再引申為道理。《禮記‧樂記》首先將倫理二字合用，「樂者，通倫理者也」，音樂是溝通倫理道德的，所以以後倫理就用來概括處理人與人相互關係應該遵循的道理和準則。

與西方文化重思辨、重邏輯相比，中國文化最大的標誌性特點就是倫理思想特別發達，倫理思想的社會作用特別明顯。在中國倫理思想中，儒家倫理思想的影響最大，作用也最明顯，而儒家倫理思想中最主要的還是孔子的倫理思想。

倫理思想是孔子思想的重要組成部分，以致德國哲學家黑格爾錯誤地認為孔子的哲學就是「道德哲學」。仁是孔子思想的核心、基礎，也是孔子倫理思想的核心、基礎。孔子以仁作為最高道德理想和道德準則，在「仁者愛人」原則的指導下，對傳統的倫理思想既繼承又有所發展，形成了一套完整的倫理思想體系。

孔子倫理思想內容豐富廣泛，包括忠、孝、仁、義、禮、智、信、恕、溫、良、恭、儉、讓、寬、敏、惠、廉、恥、勇、直、悌、篤等眾多道德條目。限於篇幅，下面只對忠、孝、仁、義、禮、智、信、恕、讓、恭、敬等十一條倫理條目進行介紹。

忠

忠是孔子倫理道德的一個重要原則，也是孔子倫理思想中備受非議的內容。經過二十世紀以來的批判，一提到忠，人們馬上想到的就是「君要臣死，臣不得不死」的愚忠，並將愚忠歸罪於孔子，其實這是對孔子忠的誤解，愚忠並非是孔子忠的原意。

「忠」是一個晚出的字，甲骨文中沒有，金文最早見於戰國晚期約310年左右的中山王鼎、壺銘文「余智（知）其忠（信）」、「渴（竭）志盡忠」。「忠」在文獻中使用也很晚，《尚書》、《詩經》中無「忠」字，《左傳》中「忠」字凡數十見。桓公六年（前706年），季梁勸隨君

◎ 因膰去魯

魯國祭祀後不按照禮儀向大臣們分送祭肉，孔子憤而辭官周遊列國。君使臣以禮，臣事君以忠，國君不依禮使用臣子，臣子也不必奉事國君。

說：「所謂道，忠於民而信於神也。上思利民，忠也。」忠就是要求統治者要利民，忠於人民。莊公十年（前684年），齊魯長勺之戰，曹劌論戰，莊公認為衣食分人、祭祀以信可以為戰，曹劌認為小惠未遍、小信未孚，民不從，神不佑，不可為戰，當莊公認為「小大之獄，雖不能察，必以情」時，曹劌認為可以為戰，因為此為「忠之屬也」。顯然，這裏的忠指的是國君忠於職守，忠於人民。以後僖公九年（前651年）又有晉人荀息的「公家之利，知無不為，忠也」，成公九年（前582年）晉範文子的「無私，忠也」，襄公十四年（前559年）楚人子囊的「將死不忘衛社稷，可不謂忠乎」，昭公六年（前541年）趙孟稱讚叔孫的「臨患不忘國，忠也」，以上引文包括君與臣的言語、行為，均是指利國、利公、利民，並非是臣事君的道德要求。但是，專指臣事君道德要求的「忠」也在《左傳》中出現了，僖公五年（前655年），晉國士蒍奉命為公子修築城堡，修城時故意將柴草放置在城牆中，當國君責問時，士蒍回答說築城於國家不利，容易被人用來對抗國君，築城不堅固是不敬，築城堅固被敵人利用是不忠，「守官廢命，不敬；固仇之保，不忠。失忠

失敬，何以事君」，將「忠」作為事君的標準之一。

作為政治倫理的「忠」之所以出現得很晚，這是社會制度所造成的。奴隸社會是宗法社會，實行以親親為原則的家族和政治體制，這種制度到西周初年已逐步完善。天子是天下的共主，嫡長子繼承王位為大宗，其他兒子是小宗，被分封到各地為諸侯。諸侯嫡長子繼位為諸侯，是諸侯國的大宗，其他兒子封為大夫，是諸侯國的小宗。在這種制度下，君臣關係既是政治關係也是一種具有血緣關係的宗族關係，兩種關係是統一的。為了維護這種關係，「孝」就成了社會的最高規範和道德準則，它既是家庭道德也是社會道德。

「忠」作為政治道德原則是隨著封建關係的產生而產生的。春秋時期，隨著生產力的發展，生產關係和政治制度也逐漸開始變革。奴隸主或開闢土地致富，或經商致富，或從事製造業致富，逐漸產生了大夫富過諸侯、諸侯富過天子的局面。致富的諸侯開始爭霸，致富的大夫開始奪位，而未富的諸侯和大夫也不甘心失去自己的原有地位。為了達到爭霸、奪位和自保的目的，諸侯、大夫爭相招賢納士，招納了許多沒有血緣關係的人士為官，逐漸突破了宗族關係的政治體制，原有的孝道已經無法來維護新的政治關係了。為了約束這些沒有血緣關係的官員，維護新生的政治關係，「忠」作為新的行為準則出現了。它要求臣子忠誠於自己的君主，忠君的思想也就產生了。

忠在《論語》中共出現十八次，其中單獨出現十一次，與「恕」合作「忠恕」出現一次，與「信」合作「忠信」出現六次。就其內容看，分別回答了從政、事君、治民、交友、處世、修養等問題，大都屬於處理人際關係的範圍。而把這些屬於處理人際關係的言語進行分類，最為突出的還是交友、治民、事君三大類，它們分別屬於個人與個人、個人與集體之間的關係。

孔子談論忠，最多的是交友，直接談論交友的有七章（內一章重複），涉及到待友的原則、擇友的標準、待友的方法，內容很豐富。

朋友關係是一種重要的人際關係，它與君臣關係、父子關係、夫婦關係、兄弟關係並稱為封建社會的五倫，被當作人與人之間最基本的關係。在五倫中，朋友關係是最不穩定的，父子、兄弟有血緣關係來維繫，夫婦有愛情關係來維繫，君臣有祿位的授受關係來維繫，而朋友既沒有血緣的、情感的關係來維繫，也沒有政

治的關係可以借助，朋友關係最不穩定，孔子認為朋友關係只能依靠忠信來維繫。

忠在朋友關係中指待人接物要盡心竭力，真誠專一。「與人忠」被孔子當作人的最高道德品質「仁」的重要內容。所以孔子將忠作為教育弟子的四項主要內容之一，「子以四教：文，行，忠，信」（〈述而〉）。孔子一再教育弟子「主忠信」，「言忠信」，「言思忠」。對朋友的要做諍友，對朋友要敢於批評指正，「忠焉，能無誨乎」（〈憲問〉）。忠於朋友，能不進行教誨嗎？在孔子的教育下，弟子們非常重視待人以忠，曾子就曾把「為人謀而不忠乎」作為「吾日三省吾身」的首要內容，他是深得孔子交友原則的真諦的。

◎ 三省自治坊

在山東嘉祥縣曾子廟前。

忠一直被孔子當作交友的基本原則，交友屬於人與人之間的關係，孔子將忠列為人與人關係的道德原則，這是孔子對忠內容的擴大。

孔子在關於忠的論述中，兩次提到官民關係：

季康子問曰：「使民敬、忠以勸，如之何？」子曰：「臨之以莊，則敬；孝慈，則忠；舉善而教不能，則勸。」（〈為政〉）

季康子問怎樣才能使人民嚴肅認真、盡心竭力、互相勸勉，孔子告訴他你對人民的事情嚴肅認真，人民對你的政令就嚴肅認真，你孝順父母、慈愛幼小，人民就會盡心竭力，你提拔賢人，教育能力差的人，人民就會互相勸勉。

子張問政。子曰：「居之無倦，行之以忠。」（〈顏淵〉）

子張問如何從政，孔子告訴他在位做官不要懈怠，執行政令要盡心竭力。

這兩章的「忠」屬於兩種類型，前者講執政官員怎樣才能使人民盡心竭力，後者要官員盡心竭力，其實這兩章都是對執政官員的要求。執政官員希望人民盡心竭力，但要想人民盡心竭力，官員必須從自身做起，要孝順長上，慈愛幼小，當官勤勤懇懇，盡心竭力。

事君屬於君臣關係，君臣關係是一種被注入政治倫理的特殊的人際關係，在這種關係中主體和客體的關係是不平等的：客體君位於主導地位，主體臣位於從屬地位。但事君不僅僅是人與人之間的關係，而且還是個人與集體之間的關係，因為國君是國家的代表，事君就是服務國家。

在孔子關於忠的論述中，論述事君的非常少，僅有一章：

定公問：「君使臣，臣事君，如之何？」孔子對曰：「君使臣以禮，臣事君以忠。」（〈八佾〉）

「臣事君以忠」是孔子對春秋中期以來忠君思想的繼承，但它絕不是簡單的繼承，而是加以發展，這個發展就是「君使臣以禮」，將臣子單方面的忠君義務修正為君臣雙方互有條件的義務。「臣事君以忠」是有前提的，這個前提就是「君使臣以禮」。國君只有依禮使用臣子，臣子才能忠心地服事君主，這是孔子提出的君臣關係的準則。如果國君不依禮使用臣子，臣子應該怎麼辦？孔子在此章中沒有說，但在其他章中說的還是很明白的。「以道事君，不可則止」（〈先進〉），用道義奉事君主，如果行不通就辭職不幹。孔子是這樣說的，也是這樣做的，當魯國國君沒有按照禮儀在祭祀後向大夫們分送祭祀的肉時，孔子毫不貪戀榮華富貴，毅然辭官出走。在《論語》中，孔子還多次提到事君的原則，要「事君盡禮」（〈八佾〉），「弒父與君，亦不從也」（〈先進〉），以禮事君，君主做壞事，絕不能順從；對國君的不良行為，要「勿欺也，而犯之」，不能陽奉陰違地欺騙他，而要當面勸諫他、觸犯他。

孔子給忠增加了利他的含義，使忠從利民、利公、利國、利君的單純政治倫理範圍擴大到利他的社會倫理範圍，忠不再僅僅是處理人與集體關係的準則，還成為處理人與人關係的準則。

東漢時，隨著封建集權制的加強，孔子「君使臣以禮、臣事君以忠」的君臣關係被僵化成「君為臣綱」，忠君思想從此強化了封建專制，禁錮了人們的思想。二十世紀以來，人們將孔子當作「君為臣綱」的始作俑者、封建專制主義的祖師爺而

図
説
孔
子

⊚ 湯像

本是夏朝的屬國首領，推翻夏朝的殘暴統治，建立了商朝。

大加撻伐，其實，這是不公正的。

孔子論忠主要是指朋友關係，雖然孔子也談了忠君問題，但忠君也是有前提的。結合《論語》中孔子關於事君的論述、評價來看，孔子的忠君思想是很淡薄的。首先，孔子沒有後世儒家所強調的「君權神聖不可侵犯」的觀念。商湯、周武王作爲臣子發動戰爭分別推翻了殘暴的君主夏桀、商紂，孔子不但沒有非議這種「弒君」行爲，反而稱讚他們爲君子，在《論語》中稱讚商湯舉伊尹的行爲，稱讚武王有至德。從此可以看出，孔子不但沒有後世的忠君思想，反而贊成推翻殘暴的君主。其次，孔子沒有後世所提倡的「忠君不事二主」的概念。管仲是公子糾的老師，公子糾被齊桓公所殺，管仲不僅沒有爲公子糾盡忠，相反卻爲公子糾的敵人齊桓公效力，幫助齊桓公成就霸業。像管仲這樣一位「貳臣」，孔子不僅沒有指責他，反而高度評價他具有「仁」德——孔子心目中最高的品德：「桓公九合諸侯，不以兵革，管仲之力也。如其仁！如其仁！」（〈憲問〉），後人將「君爲臣綱」的始作俑者強指爲孔子是毫無道理的。

其實，忠君只是忠的特殊政治含義，是利國、利公、利他意義的轉化，將利國、利公、利他的物件限定爲國君一個人，將個人與國家的關係界定爲與國君一人的關係。在歷史上忠君是與愛國聯繫在一起的，國君是國家的代表，忠君就是愛國。岳母在岳

⊚ 岳母刺字雕像　雕像在新加坡河畔。

飛背上刺寫「盡忠報國」，盡忠的目標就是國家。雖然中國歷史上出現過許多不分青紅皂白只效忠於一姓的愚臣，但真正的忠臣並不是效忠於某姓或某位國君，而是忠於中華民族。南宋末年，李庭芝拒不執行投降蒙古的小皇帝和太后命他降元的詔書，文天祥在南宋滅亡後仍然堅不降元，他們才是真正的忠臣。古人都能正確對待忠君與愛國，我們就不能正確對待忠君思想嗎？何況，帝制已經垮臺了九十多年，早已沒有了國君。只要我們將忠的特殊政治含義定位為忠於國家，就可以繼續發揮忠的作用。

孝作為道德規範是很早就形成的，早在奴隸社會，就已經成為了最高道德規範和道德準則。奴隸社會是宗法社會，君臣關係既是政治關係也是具有血緣關係的宗族關係，兩者是一致的。為了鞏固統治，維護這種關係，「孝」就成了社會的最高道德

◎ 孝經傳曾

孔子將孝道傳授給曾子，曾子作《孝經》。

孝

孝本來的意義是祭祀，《詩經》「以孝以享」、《論語》「菲飲食而致孝乎鬼神」、金文中的「虞司寇白吹作寶壺，用享用孝」中的孝都是祭祀的意思。道德規範中的孝順含義是孝後起的意義，《左傳》「父慈子孝」、《詩經》「君子有孝子」、《論語》「弟子入則孝」中的孝都是孝順的意思。

規範和道德準則。所以「孝」字在西周的文獻中大量使用，《尚書·堯典》稱讚虞舜為「以孝烝烝」（孝德厚美），同書《康誥》指斥「不孝不友」為「元惡大憝」（罪大惡極），《詩經》中「孝」字凡十七見，「永言孝思，孝思維則」（〈下武〉），「孝子不匱，永錫爾類」

圖說孔子

（〈既醉〉），「孝孫有慶，報以介福，萬壽無疆」（〈楚茨〉），「孝孫有慶。俾爾熾而昌，俾爾壽而臧」（〈閟宮〉）。孝是法則，孝順之人可以輔佐天子，是君子的榜樣；孝心不竭，神將永遠賜福於你的後代，賞賜大福，賞賜萬壽無疆。需要特別指出的是，《詩經》中的十七個孝字，六見於〈小雅〉，六見於〈大雅〉，三見於〈周頌〉，二見於〈魯頌〉，無一見於民歌〈國風〉，由此可見，孝主要還是統治階級所熱衷的倫理道德。

春秋時期，奴隸社會已經土崩瓦解，孝也失去了作為奴隸社會最高政治規範的意義，而只剩下社會道德規範的意義，所以孔子講的主要是社會道德規範意義上的孝。

《論語》記載，孟懿子、孟武伯、子游、子夏曾分別向孔子問孝，孔子作了不同的回答。

孟懿子問孝。子曰：「無違。」樊遲御，子告之曰：「孟孫問孝於我，我對曰『無違。』」樊遲曰：「何謂也？」子曰：「生，事之以禮；死，葬之以禮，祭之以禮。」（〈為政〉）

在此，孔子為孝確立了必須循的原則，那就是不論生養死葬還是死後的祭祀都必須嚴格執行禮的規定，無違就是不能違背禮法。禮的形式是儀式，但禮的本質是規範和法度，奉事父母合乎規範和法度就是孝，不合乎規範和法度就是不孝。無違，就是不要違背禮制。後人將無違解釋為不能違背父母的意願，要求不論父母的意見正確與否子女必須一律遵從，倡言「天下無不是的父母」，甚至提倡「父要子亡，子不得不亡」，錯誤地解釋孔子的語意，將提倡愚孝的罪名加在孔子的頭上，這對孔子真是天大的冤枉。

◉ 子路負米

子路家貧，自吃野菜，到百里外為父母背米，事入二十四孝。

⊙ 鞭打蘆花處

後母虐待閔損，用蘆花為他作棉衣，拉車時因天寒抱不住車繩，父親生氣，用鞭子打破衣服，發現是蘆花，要趕走後母，閔損以「母在一人寒，母去三子單」勸阻了父親。事入二十四孝。

子女孝順父母不能僅僅滿足於能夠供養，如果不心存敬愛，那與養狗養馬有什麼區別呢？「子生三年，然後免於父母之懷」（〈陽貨〉），人三歲以後才能離開父母的懷抱，能不孝敬父母嗎？要報答父母的養育之恩就必須心存孝敬，只有發自內心的愛敬才是真正的孝。

在回答子夏問孝時孔子提出了色難：

子夏問孝。子曰：「色難。有事弟子服其勞，有酒食先生饌，曾是以為孝乎？」（〈為政〉）

對於色難，歷來有兩種說法，一是漢代包咸解釋的「謂承順父母顏色乃為難也」，一是漢代鄭玄解釋的「和顏悅色是為難也」，今人楊伯峻先生認為鄭玄的說法是對的，事奉父母，和顏悅色是最難的。其實，這章可以和答子游問孝連繫起來加以理解。有事情，年輕人效勞，有好吃好喝的，年長的先用，這不能稱作孝，只有和顏悅色地侍奉父母才能叫做孝。侍奉父母要做到一時一事和顏悅色是很容易的，但要做到時時、事事都和顏悅色卻是很難的。人活在世

孟武伯問孝。子曰：「父母惟其疾之憂。」（〈為政〉）

這章是孔子四次回答問孝中最為簡潔的一次。文字雖然簡潔，但包含的內容卻很深刻。父母只擔憂子女的疾病，言外之意就是除疾病之外沒有任何可以讓父母擔憂的地方。其實，父母擔憂子女的絕非只有疾病一項，父母最為擔憂的還是子女的行事做人，特別是像孟武伯這樣的貴族。孔子之所以只提出疾病一項，是因為疾病在醫學並不發達的古代是人類自身所難以避免的，而人的行為是自己完全可以掌握的，只要自己的行為處處、事事合乎禮法，父母就不會擔憂。要做到孝，就必須使自己的一言一行合乎社會規範和法度，孝不僅是家庭倫理還是社會倫理。

子游問孝。子曰：「今之孝者，是謂能養。至於犬馬，皆能有養，不敬，何以別乎？」（〈為政〉）

⊙ 赦父子訟

對父打官司者，孔子認為應該用孝教育他們。

上，難免會有不順心的事情，難免會將不順心表現出來，也難免會被父母覺察到，所以孔子說和顏悅色最難，只有對父母心存愛敬才能在不論何種情況下都能保持和顏悅色。

《論語》中還有一章談到了孝與政治的關係：

或謂孔子曰：「子奚不為政？」子曰：「《書》云：『孝乎惟孝，友於兄弟，施於有政』，是亦為政，奚其為為政？」（〈為政〉）

孝敬父母，友愛兄弟，雖然沒有做官，通過自己的行動影響了社會風氣也是參與了政治，而身在政界的官員更應該帶頭行孝，發揮表率作用。季康子問如何使人民盡心竭力，孔子告訴他「孝慈則忠」，統治者孝敬父母慈愛幼小，人民自然就會盡心竭力。

孔子談孝的言語雖然不多，但對如何行孝卻談得非常具體，非常全面，孝順必須合乎禮法，必須心存敬愛，必須和顏悅色，行事做人必須不讓父母擔憂，通過自己的孝行影響社會，改善社會風氣。在孔子的影響下，弟子曾參將孝提高到「仁之本」的高度，漢代以來，許多王朝也都提倡以孝治天下，孝和睦了家庭，安定了社會，對社會的發展也起了積極的推進作用。

仁

仁是孔子思想體系的核心，在倫理學的意義上用來表示人的最高道德品質。後人將仁和義、禮、智、信合稱為五常，是孔子倫理思想中最為重要的德目之一。

仁也是一個出現較晚的字，甲骨文、西周金文中均未見，《尚書》中出現一次，「予仁若考」（〈金滕〉），《詩經》中出現二次，「洵美且仁」（〈叔於田〉），「其人美且仁」（〈盧令〉），都是指好的品德。到春秋時，仁字才開始頻繁使用，《左傳》中出現三十三次，《國語》中出現二十四次，其中許多還出自孔子之口，《論語》中共出現一○九次，是《論語》中出現最多的倫理德目。

孔子說「仁者，人也」（《中庸》），孟子也說「仁也者，人也」（〈盡心下〉），仁的意思就是人，是產生於人與人之間的倫理道德，《說文解字》說：「仁，親也。從人二」，兩個人在一起就產生仁，它是人與人關係的倫理道德。

仁是孔子思想的核心，基本意義就是「愛人」，愛他人，也就是《論語》中所記載的「樊遲問仁。子曰：『愛人』」（〈顏淵〉）。孔子愛人的思想在當時是非常難能可貴的，因為在奴隸社會裏，貴族和奴隸雖然都是人，但奴隸只是會說話的工具，是不被貴族當作人看待的。有人批判孔子，說孔子說的人只是奴隸主，不包括奴隸，真是睜著眼睛說瞎話。《論語》記載：「廄焚。子退朝，曰：『傷人乎？』不問馬」（〈鄉黨〉），孔子家的馬棚失火，能傷到奴隸主嗎？有餵馬的奴隸主嗎？就算奴隸主不是餵馬而是偶爾去馬棚，孔子家還有奴隸主嗎？孔子說的人當然也包括奴隸，愛人應該包括所有的人。

仁作為人的最高道德品質包含了許多內容。仁包括恭敬、寬厚、誠實、勤敏、慈惠五種美德，子張問

◉ 受饋分惠
孔子將季桓子送給自己的糧食全部送給別人。

仁，孔子告訴他，「能行五者於天下爲仁矣。恭、寬、信、敏、惠。恭則不侮，寬則得眾，信則人任焉，敏則有功，惠則足以使人」（〈陽貨〉），恭敬就不會招致侮辱，寬厚就會得到眾人擁護，誠實就會得到別人信任，勤敏就會貢獻大，慈惠就能使用別人。仁包括平日儀態端正，工作嚴肅認真，對別人忠心誠意。樊遲問仁，孔子告訴他「居處恭，執事敬，與人忠」。仁包括結交品德高尚的人，子貢問仁，孔子說「工欲善其事，必先利其器。居是邦也，事其大夫之賢者，友其士之仁者」（〈衛靈公〉）。仁包括明大義，不拘泥於小節小信，齊桓公殺死公子糾，公子糾的老師召忽自殺，同爲公子糾老師的管仲卻去輔佐齊桓公，子路、子貢都認爲管仲不仁，孔子卻從民族大義出發，稱讚管仲有仁德，因爲他不以戰爭而九合諸侯，抵抗外族入侵。仁包括剛強、果斷、質樸、說話謹慎四種品質，孔子教育弟子說：「剛毅木訥近仁。」剛強、果斷、質樸、言語謹慎接近於仁德。「巧言令色，鮮矣仁」，而花言巧語、面容僞善就很少有仁德了。仁德最主要的內容是己欲立而立人，己欲達而達人，己所不欲，勿施於人。仲弓問仁，孔子說：「出門如見大賓；使民如承大祭；己所不欲，勿施於人；在邦無怨，在家無怨。」此段話包含了三個方面的內容，辦事嚴肅認真，小心謹慎，自己不想做的事情不要強加於別人，不論在任何地方作任何事情都不要心存怨恨。在這三個內容中，最爲重要的是己所不欲，勿施於人，在與人交往時體諒他人、尊重他人。孔子還說「夫仁者，己欲立而立人，己欲達而達人」，自己想有成就也得讓別人有成就，自己想事事行得通也得讓別人事事行得通。己欲立而立人，己欲達而達人，己所不欲，勿施於人，這是仁的最高標準，具有高度的人文主義和人道主義思想，是孔子思想最爲可貴的內容之一。

孔子認爲仁德對於人非常重要，「人而不仁如禮何？人而不仁如樂何？」（〈八佾〉），一個人沒有仁德，禮、樂

元莊傳顏
臨河門不手曰克己
復禮為不一日克己
復禮天下歸仁為
為仁由由人乎為
顏淵問其目孔子
曰非禮勿視勿聽
則勿言則勿動勿
顏淵曰回雖不
如仁復從斯語矣

◎ 克復傳顏

孔子認為，克制自己，使自己的行為合於禮就是仁。

子說：「非禮勿視，非禮勿聽，非禮勿言，非禮勿動」。克制自己，使自己的言語行動合乎禮的規定，不合乎禮的不看、不聽、不說、不做，就是仁。不合乎禮的不看、不聽、不說、不做，似乎人被禮、被仁德緊緊地束縛住了，其實不然，「為仁由己，而由人乎哉」，實踐仁德全憑自己，不憑別人，一切都操之在我。在日常生活中要當仁不讓，「當仁不讓於師」；在危難關頭要敢於犧牲自己的生命，殺身以成仁，「志士仁人，無求生以害仁，有殺生以求仁」（〈衛靈公〉）。

還有什麼用呢？一個人如果沒有仁德，得到的也會失去，「知及之，仁不能守之，雖得之，必失之」（〈衛靈公〉），「如有王者，必世而後仁」（〈子路〉），所以人要依靠仁德，君子必須一時一刻也不能離開仁德，「君子去仁，惡乎成名？君子無終食之間違仁，造次必於是，顛沛必於是」（〈里仁〉），即使在倉促匆忙和顛沛流離中也不能拋棄仁德。

怎樣才能做到仁呢？孔子在回答顏淵的請教時說：「克己復禮為仁。一日克己復禮，天下歸仁焉。為仁由己，而由人乎哉？」顏淵又問仁的行動綱領，孔

經孔子的提倡，仁成為中華民族的傳統美德和評價是非的標準，品質不好就是不仁，品質好就是仁慈、仁義、仁厚、仁孝、仁勇、仁德，品質好的就是仁人、仁政、仁心、仁方、仁里、仁言，等等。

◎ 復禮門

孔子教育顏回「一日克己復禮，天下歸仁焉」，後人因此分別命名曲阜顏子廟的門為克己門、復禮門、歸仁門。

圖說孔子

義

　　義，《說文解字》解釋說「己之威義也，從我從羊」，它的本義是儀錶的儀，後來被借用爲合理，而儀錶的儀就在左邊加了個亻部。其理由，段玉裁《說文解字注》引北宮文子的話說「有威而可畏謂之威，有儀而可象而謂之義」，並引董子的話說「仁者，人也；義者，我也。謂仁必及人，義必由中斷制也。從羊者，與善美同義」，仁一定涉及他人，而義由自己的內心來判斷、決斷。

　　孔子說「義者，宜也」（《中庸》），倫理學的義就是合理，孔子說「君子之於天下也，無適也，無莫也，義之爲比」（〈里仁〉），這中間的義就是合理，君子對於天下的事情沒有規定怎麼做，也沒有規定不怎麼做，怎麼合理就怎麼做，一切事情以合理爲最高原則。

◎ 脫驂館人
孔子曾經住過的館驛工作人員死了，孔子就把自己馬車上的一匹馬送給他家幫助辦理喪事。

　　在倫理學中，義表示合理性，合理的事物，合理的行爲，合理的狀態。義是孔子倫理思想的主要內容之一，在《論語》中共出現二十四次，涉及孔子的哲學、政治、倫理道德、教育等各個方面，但主要的還是倫理道德。

　　孔子十分推崇義，「君子喻於義，小人喻於利」（〈里仁〉），「君子義以爲上」（〈陽貨〉），「君子義以爲質」（〈衛靈公〉），作爲理想人格的君子應該懂得義，以義爲貴，以義爲原則，一切行動都要考慮是否合乎義，不能做有害於義的事情。要提高自己的道德水準，增強自己明辨是非的能力，就要以義爲中心，使自己的行爲以義爲轉移。

◉ 孔宅故井

相傳孔子當年的吃水井，在曲阜孔廟東路。

子張問崇德辨惑，孔子說「主忠信，徙義，崇德也」（〈顏淵〉）。孔子自己也將聞義不能徙作為憂慮的內容之一，「德之不修，學之不講。聞義不能徙，不善不能改，是吾憂也」（〈述而〉），品德不修養，學問不講習，聽到義不能遷而從之，不對的地方不能改正，是孔子所憂慮的。孔子提倡將義作為評判人們的思想、行為的道德準則。「不義而富且貴，於我如浮雲」（〈述而〉），面對不合乎義的富貴要毫不動心；「行義以達其道」（〈季氏〉），實行自己的主張要依義而行。要「見利思義」，見義而從，「見義不為，無勇也」，見義不為，就不能算是勇敢。不按義而行，即使是勇敢，也只能給社會帶來禍亂，「君子有勇而無義為亂，小人有勇而無義為盜」（〈陽貨〉），義左右著勇的善惡，勇這種品德只有

符合「義」的行為準則才是善的，即使是君子，無義而勇，只會添亂，小人無義而勇就更可怕了，就會成為強盜。義作為社會倫理規範也反映在君臣關係之中，「君臣之義如之何其廢之」（〈微子〉），為國家服務是臣子的義務，這就是君臣大義。

談到義，不能不談一談義和利的關係問題，因為孔子以後，義和利的關係成為後代思想家們關於道德行為和功利關係爭辯的一個重要論題。孔子推崇義，提倡義，但並不否認利，一再強調「見利思義」，「見得思義」，就是在利益面前首先考慮是否合乎義，當義與利兩者衝突時，孔子主張取義捨利，「不義而富且貴，於我如浮雲」，當利合乎義時孔子就並不排斥利，「義然後取」，只要合乎義，利是應該要的。總的來看，孔子主張以義來節制求利的欲望。孟子發揮了孔子的思想，「非其義也，非其道也，祿之以天下弗顧也」，已有忽視利的傾向，「王何必曰利，亦有仁義而已矣」。荀子主張以義勝利，「義勝利者為治世，利勝義者為亂世」，義超過了利就是太平盛世，利超過了義就是亂世。董仲舒主張義不謀利，不要去追求利，「正其誼不謀其利，明其道不計其功」。宋儒邵雍主張尚義貶利，「尚義必讓，君子道

長；尚利必爭，小人道行」，「尚
利則亂，尚義則治」。程顥認爲人
不能無利，無利就不能生存，主張
利不妨義，「聖人於利，不能全不
較論，但不至妨義耳。乃若惟利是
辯，則忘義也，故罕言」，最接近
孔子的主張。朱熹不但極力推崇董
仲舒的觀點，而且以天理、人欲解
釋義和利，「義者，天理之所宜；
利者，人情之所欲」，「仁義根於

◎ 饋食欣受

魯國一個儉樸吝嗇的
人用陶器將食物送給
孔子，孔子仍然很高
興，他不看重器具，
看重的是義。

人心之固有，天理之公也；利心生於物我之相形，人欲之私
也」，雖然他主張正其義則利自在，以義制利，但利被確定
爲人欲之私，在「存天理，滅人欲」的情況下，利還能存在
嗎？明亡後，許多思想家在探討明朝滅亡的原因時都將道學
家鼓吹的重義忽利當作主要原因之一。

禮

　　禮最初的意思是敬神，《說文解字》說「禮，履也，所
以事神致福也。從示從豐」，段玉裁解釋說「履，足所依
也」，「禮有五經，莫重於祭，故禮字從示。豐者，行禮之
器」。人類早期的敬神活動主要是由家族舉行的，祭祀時需
要長幼排序，這就產生了禮。進入階級社會以後，統治者強
調人與人之間的差別，突出尊卑長幼觀念，就制定了禮，實
際上，儒家推崇的周公制禮作樂就是對宗法等級制度的補充
和完善。祭祀的禮節發展爲社會的禮儀制度，社會禮儀制度
經過長期的使用逐漸成爲人們的行爲準則，行爲準則又逐漸
發展成爲人們的道德規範，禮也就成爲倫理道德的一個組成
部分。

春秋時期，宗法制度受到衝擊，呈現了禮崩樂壞的局面。為了重整社會秩序，孔子想用傳統的禮來撥亂反正，但他也深知，傳統的禮是沒有能力來解決目前的混亂局面的，而且傳統的禮也不符合孔子的思想，但傳統的禮還是有一定的號召力，於是孔子借用傳統禮的形式加進自己的思想，將其改造為密切倫理關係、調整社會關係、改善社會關係的工具。

孔子認為禮是變化的，是不斷增減的，「殷因於夏禮，所損益可知也；周因於殷禮，所損益可知也；其或繼周者，雖百世可知也」（〈為政〉），而且這種增減有規律可循，是可以預知的。對於禮的變化，孔子是持積極的態度，在分析的基礎上進行取捨，「麻冕，禮也；今也純，儉；吾從眾。拜下，禮也；今拜乎上，泰也；吾從下」（〈子罕〉），禮帽按禮的規定應該用麻來做，現在改成了絲，節省了一些，我隨同大家的做法。按禮的規定，臣子應在堂下拜見國君，現在改在堂上，這樣做顯得臣子傲慢，我不隨同大家的做法，堅持在堂下行禮。有利民生的變化孔子是支持的，無益於民生卻顯得臣子傲慢的變化，孔子就不會支持。

與傳統的禮相比，孔子強調的禮突出了孔子仁的思想。在顏淵問仁時，孔子說「克己復禮為仁。一日克己復禮，天下歸仁焉」，克己復禮的目的就是培養自己的仁德，復禮是手段，培養仁德是目的。孔子認為禮不僅僅是祭祀的祭品，「禮云禮云，玉帛云乎哉？」禮啊禮啊，難道只是說祭祀用的玉器和絲帛嗎？禮應該是什麼，孔子在這裏沒有說，孔子的另一段話可以給我們以啟示，「人而不仁如禮何？」人如果沒有仁德，怎麼使用禮呢？仁才是禮的根本。對禮的作用，弟子有若說得很清楚，「禮之用，和為貴，先王之道斯為美，小大由之，有所不行。知和而和，不以

◉ 墮三都圖

孔子發起拆除魯國三個執政大夫的城邑，其實就是打著禮的旗幟加強魯公的權力，削弱大夫的勢力。

禮節之，亦不可行也」（〈學而〉），禮的使用以和爲貴，這是先王之道最好的地方，大事小事都由此而行，當然也有行不通的地方。但是爲了和而和，不用禮來節制，也是不行的，禮的用途在於和順人心，增加社會和睦。

◉ 為兒戲圖

孔子小時候就知道演習禮儀。

孔子非常強調禮的作用。在治國上：「道之以政，齊之以刑，民免而無恥；道之以德，齊之以禮，有恥且格。」（〈爲政〉）用政法來治理，用刑法來整頓，人民可以免於犯法但無羞恥之心；用德來治理，用禮來整頓，人民不僅能免於犯法，而且有羞恥之心還能誠心歸服。在政治上：國君要依禮使用臣子，「君使臣以禮」；臣子要按照禮節侍奉國君，「事君盡禮」。在修身上：「不知禮，無以立也」，「不學禮，無以立」，不讀禮書，不知道禮，就無法做人。只有知禮並以禮來約束自己才不會離經叛道，「君子博學於文，約之以禮，亦可以弗畔矣夫」（〈雍也〉），孔子並以此教育弟子，顏淵就曾喟然感歎地說「夫子循循然善誘人，博我以文，約我以禮，欲罷不能」（〈子罕〉）。在學習上：「興於詩，立於禮，成於樂」（〈泰伯〉）。在家庭中：生養死葬和祭祀都要循禮而行，「生，事之以禮；死，葬之以禮，祭之以禮」（〈爲政〉），只有這樣，才能是孝。君子要依禮做事，「君子義以爲質，禮以行之，孫以出之，信以成之」（〈衛靈公〉），以合宜爲原則，按禮去做，用謙遜的言語去說，用誠實的態度去完成。統治者要依禮而行，「上好禮，則民莫敢不敬」（〈子路〉），「上好禮，則民易使

也」（〈憲問〉）；要以禮讓治國，「能以禮讓爲國乎，何有？不能以禮讓爲國，如禮何？」（〈里仁〉），用禮治國要禮讓。禮對人非常重要，即使是美德也必須受禮的節制，「恭而無禮則勞，愼而無禮則葸，勇而無禮則亂，直而無禮則絞」（〈泰伯〉），恭敬而沒有禮就會勞累不安，謹愼而沒有禮就會畏怯懦弱，勇敢而沒有禮就會闖禍添亂，正直而沒有禮就會急切傷人。禮如此重要，所以孔子要求「非禮勿視，非禮勿聽，非禮勿言，非禮勿動」，不合乎禮的事情不看，不聽，不說，不做。

智

智在《論語》中作知，意思是指聰明、明智、智慧、智謀。孔子說：「君子道者三，我無能焉：仁者不憂，知者不惑，勇者不懼。」（〈憲問〉）沒有做到，那是孔子的謙詞，這裏孔子明確指出知者爲君子之道。在《中庸》中，孔子指出「知、仁、勇三者，天下之達德也」，將智納入其道德規範體系中，並推其爲通行天下的品德。

孔子對智沒有作系統的論述，但對孔子所論述的智進行分類的話可以分爲智慧和智者兩類。

孔子論述的智慧有五個方面。一是實事求是，「知之爲知之，不知爲不知，是知也」（〈爲政〉），知道的就是知道的，不知道的就是不知道的，不能不懂裝懂，這就是聰明智慧的表現。二是提倡通過學習求智，「好學近乎知，力行近乎仁，知恥近乎勇」（《中庸》），喜歡學習就接近智慧了。「好知不好學，其弊也蕩」（〈陽貨〉），喜歡智慧卻不喜歡學習就會帶來放蕩的弊端。學習求

◎ 問禮老聃圖

孔子赴周見老子，老子曾告訴孔子怎樣明智做人。

智是孔子的一貫主張，他認為「性相近也，習相遠也」，後天的習染是可以改變人的品質的，人可以通過後天的學習提高自己，完善自己。孔子自己就是一個努力學習求智的人，他學而不厭，學而不已，發憤忘食，樂以忘憂，不知老之將至，一生都在不斷地追求知識，如問禮老子。三是智慧可以從書本中獲取，也可以從生活中獲得。「多聞，擇其善者而從之，多見而識之，知之次也」（〈述而〉），多看多聽，擇善而從，是次一等的智。四是要通權變。孔子讚揚「甯武子，邦有道則知，邦無道則愚。其知可及也，其愚不可及也」（〈公冶長〉），甯武子通權變，國家政治清明時他就聰明，國家政治黑暗時他就顯得愚笨，他的聰明別人是能趕得上的，他的愚笨卻是別人不可及的，這正如清代鄭板橋所說的那樣，「聰明難，糊塗難，由聰明轉入糊塗更難」，甯武子就是聰明而裝糊塗的那種人。孔子讚揚甯武子的權變，就是要人在政治黑暗時保全自己，不與社會同流合污，不助紂為虐，這才是孔子的本意，孔子的明智。五是智慧並不是萬能的。孔子說：「知及之，仁不能守之，雖得之，必失之；知及之，仁能守之，不莊以涖之，則民不敬；知及之，仁能守之，莊以涖之，動之不以禮，未善也」（〈衛靈公〉），聰明才智能夠得到了，但沒有仁德保持就會失掉；聰明才智得到了，仁德能保持，但不能嚴肅認真地治理，老百姓也不會尊敬；聰明才智得到了，仁德也能保持，也能嚴肅認真地治理，但不能依禮使用百姓，也不算好的。在這一章中，孔子提出仁是智慧的根本，但僅有仁德還不夠，治理政事還必須有嚴肅認真的態度，還必須依禮使用百姓。依禮使用百姓也反映了孔子的愛人思想。

孔子論述智者是四方面。一是智者利仁。孔子說：「不仁者不可以久處約，不可以長處樂。仁者安仁，知者利仁」（〈里仁〉），有仁德的人志在實踐仁德，不論身處困境還是安樂之中都安然處之，聰明的人知道仁德對自己有利便利

用仁德。二是智者不惑。有智慧明智的人是不會被迷惑的，反之就不是智者。「里仁爲美，擇不處仁，焉得知」，居住的地方有仁德之風才好，選擇住處，沒有仁德的風氣，怎麼能是聰明的人呢？「昔孟母，擇鄰處，子不學，斷機杼」，孟母就是一個明智的人。魯國大夫臧文仲被時人稱爲智者，但他卻給大烏龜單獨修建房子，並且將房子修建得非常豪華，斗栱上有雕刻，柱子上有彩畫，「臧文仲居蔡，山節藻梲，何如其知也」（〈公冶長〉），孔子就認爲他不是智者。三是智者既不失人也不失言。孔子說：「可與言而不與之言，失人；不可與言而與之言，失言。知者不失人亦不失言（〈衛靈公〉），可以和人交談而沒有交談就

錯失人才，不可以和人交談而交談了就是言語不當，只有智者既不失人也不失言。要做到既不失人也不失言是不容易的。《中論·貴言篇》說「君子必貴其言。貴其言則尊其身，尊其身則重其道，重其道所以立其教；言費則身賤，身賤則道輕，道輕則教費」。君子不失言是比較容易的，少說話就行。孔子弟子子張說：「君子一言以爲知，一言以爲不知，言不可不慎也」（〈子張〉），一句話就可以說明是聰明還是不聰明，說話是應該謹慎，但是與應該交談的人卻沒有談，從此人家不再相見，錯失了人才是非常可惜的。所以《四書說約》說：「人才難遇，覿面而失，豈是小

◉ 在川觀水

孔子見水必看，他從水的流淌能聯想到德、勇、志向、教化等。

事？」既不失人又不失言，關鍵是知人，瞭解人。四是智者喜歡水，好動，常樂。「知者樂水，仁者樂山；知者動，仁者靜；知者樂，仁者壽」（〈雍也〉），孔子將智者、仁者的喜好、特點進行對照，智者通達事理，隨遇而安，如同流水，所以喜歡水，智者思維活躍，當然好動，智者通達事理，遇事想得開，當然快樂。

怎樣做才能是智呢？為政者致力於義，敬鬼神而遠之，可以說是智，「務民之義，敬鬼神而遠之，可謂知矣」（〈雍也〉）。推舉賢人可以說是智，樊遲問智，孔子告訴他「知人」，樊遲不明白，孔子解釋說：「舉直錯諸枉，能使枉者直」（〈顏淵〉），選拔正直的人，把他們放在不

⊙ 拜胙遇途

智者在政治黑暗時就不能去做官。

正直的人之上，能使不正直的人也正直起來。正確把握時機是知，陽貨想見孔子，孔子不願見，陽貨就派人給孔子送去一隻小豬，孔子不能不去拜謝，他就選擇陽貨不在家的時候去，不料在路上碰到了，陽貨問孔子，「好從事而亟失時，可謂知乎」，喜好做官卻一次次失掉機會，可以說是智嗎？孔子對此沒有回答，但最後同意了陽貨的勸告，答應出來做官，「諾！吾將仕矣」，說明孔子是同意把握時機是智的。但家臣執掌國家大權，正直的人是不能出任做官的，所以孔子雖然答應了陽貨的要求，最後還是不去做官。

孔子智的論述中，爭議最大的是「惟上知與下愚不移」一語。此話比較難以理解，許多學者將其與上句「性相近也，習相遠也」連繫起來進行解釋，人的天性是相近的，後天的習染不同就產生了差別，這句話問題不大，但是只有上

智和下愚是不會改變的，這句話就有問題了，它不符合事物不斷變化的觀點。更主要的是，有的學者認爲上智、下愚就是孔子所說的「生而知之者上也，學而知之者次也，困而學者又其次也，困而不學，民斯爲下矣」，老百姓就是那種遇到困難也不學習的人，如此理解，問題就更大了，孔子是看不起老百姓，而且還承認有生而知之的人，這是不符合認識論觀點的。宋儒程子解釋說「所謂下愚有二焉，自暴自棄也。人苟以善自治，則無不可移，雖昏愚之至，皆可漸磨而進也。惟自暴者拒之以不信，自棄者絕之以不爲，雖聖人與居，不能化而入也」，將下愚解釋爲自暴自棄者，這種人無心向善當然不可能向好的方向轉變，但不一定不向壞的方向轉變，向壞的方向轉化也是移，程子的這種解釋是不科學的。《反身錄》解釋說「遲鈍人能存好心，行好事，雖遲鈍亦是上知，明敏人若心術不正，行事不端，不肯做好人，即明敏亦是下愚」，以能否存好心、行好事與否作爲區分上智與下愚的標準，其實

這個解釋也不準確，上智、下愚都是變化的結果，是移的結果。我倒覺得以困而不學解釋下愚是對的，當然，困而不學的並不是只有老百姓，社會各階層的人都有，而且非常多，如果困而不學，恐怕是很難改變的。

信

信即誠實無欺，許慎《說文解字》說「誠也。從人從言，會意」，段玉裁說「人言則無不信者」，古文信字左側爲心，段玉裁說「言必由衷之意」。信就是說人要言行如一，誠實無欺，守信用，這是信的倫理意義。

◉ 忠信濟水　心懷忠信就可以戰勝艱難險阻。

在倫理道德中，孔子非常看重信，把信當成進行道德修養以完善人格的主要內容之一，「子張問仁於孔子。孔子曰：『能行五者於天下為仁矣。』『請問之。』曰：『恭、寬、信、敏、惠』」（〈陽貨〉），誠實守信被當作仁人必須具有的五種品德之一，其理由就是「信則人任焉」，誠實守信就能得到別人的信任。孔子把信看作禮的根本之一，「先王之立禮也，有本有文。忠信，禮之本也；義理，禮之文也。無本不正，無文不行」（《禮記·禮器》），忠和信是禮的根本。孔子認為信是做人的根本，立身處世的原則，「人而無信，不知其可也。大車無輗，小車無軏，其何以行之哉？」（〈為政〉），一個人不誠實守信，就像駕牲口的車上橫木沒有兩頭的插銷一樣，無法行事做人。誠實守信就能走遍天下，「子張問行，子曰：『言忠信，行篤敬，雖蠻貊之邦行矣；言不忠信，行不篤敬，雖州里行乎哉？立則見其參與前也，在輿則見其倚於衡也，夫然後行』」（〈衛靈公〉），言語忠誠老實，行為忠厚嚴肅，就是到了落後地區仍能行得通，否則在本鄉本土也行不通。要把忠信篤敬四個字時時放在心上，站著時四個字就像在面前，坐在車裏時這四個字就像刻在車前的橫木上。所以孔子一再以信教育弟子，「子以四教，文、行、忠、信」（〈述而〉），誠實守信是教育弟子的主要內容之一；教育弟子要「主忠信」，「弟子入則孝，出則悌，謹而信，泛愛眾，而親仁。行有餘力，則以學文」（〈學而〉），做人要秉持忠信，謹慎而誠實守信；教育弟子要「敬事而信」（〈學而〉），嚴肅認真地對待自己的工作，誠實守信。在孔子的教育下，弟子們也非常看重信用，曾子將守信作為每日多次反省的三項內容之一，「曾子曰：『吾日三省吾身，為人謀而不忠乎？與朋友交而不信乎？傳不習乎？』」（〈學而〉），子夏也將「與朋友交言而有信」作為學習的表現之一。自己誠實守信才能得到別人的相信，所以弟子問志向時，孔子將朋友的信

◎ 五乘從遊　被他人脅迫訂立的協定不必去遵守。

白地去兌現諾言是不可取的，「信近於義，言可復也」，弟子有若的這句話，正是對孔子上句話的補充。

現在提倡誠信，其實，孔子講的信就是誠信。因為在孔子時「誠」只作真正、真實講，並沒有現在的倫理學上的誠實之意。《論語》中「誠」字僅兩見，一為《詩經》引文，「誠不以富，亦只以異」，確實對自己沒好處，只是使人奇怪，一為孔子的話「誠哉是言也」，這話真對呀，都沒有倫理學的意義。

任作為自己的志向之一，「老者安之，朋友信之，少者懷之」（〈公冶長〉）。

信不僅是社會倫理，人際關係的準則，還是政治倫理，為政治國的準則。「自古皆有死，民無信不立」（〈顏淵〉），為政治國，守信比足食、足兵還重要。

治理國家要嚴守信用，「道千乘之國，敬事而信，節用而愛人，使民以時」（〈學而〉）。統治者如果講信用，就很容易治理好國家，「上好信，則民莫敢不用情」（〈子路〉），統治者講信用，老百姓就不會不盡自己的本分。

孔子提倡守信用，但並不是一味死守信用，「言必信，行必果，然小人哉」，對信要作具體分析，只有符合義的諾言才能去兌現，不分事非黑

恕

恕在《論語》中雖然只出現兩次，但它卻是孔子思想的重要組成部分，倫理思想的重要內容。

恕字出現很晚，《尚書》、《詩經》等孔子以前的文獻中均未出現，《左傳》中僅六見，《禮記》中僅三見。其意義，《說文解字》解釋說「恕，仁也。從心，如聲」，解釋並不具體準確，恕應該是個會意字，恕就是隨從自己的心，像自己的心，

圖說孔子

因為如字本意作隨從講，像是它的引伸義。《說文解字》說「如，從隨也」，從隨就是隨從。隨從自己的心，就是在對外交往中以自己的心去隨從他人的心，以自己的心就是對待他人就像要求別人對待自己一樣，以己之心度人之心。寫完這段文字後，恰好翻到朱熹的解釋，「中心為忠，如心為恕，與義亦通」，沒想到竟然與朱熹相同。

孔子自述「吾道以一貫之」，但並沒有解釋具體的內容，曾子解釋說「夫子之道，忠恕而已矣」（〈里仁〉），將忠與恕看作是貫穿孔子思想的基本觀念。對忠恕，朱熹解釋說「盡己之謂忠，推己之謂恕」，恕就是推己及人。恕在《論語》中第二次出現於孔子之口，當弟子子貢問「有一言可以終身行之者乎」時，有一個字可以終身奉行嗎？孔子回答說「其恕乎！」大概是恕吧，並進而解釋說「己所不欲，勿施於人」（〈衛靈公〉），自己不想做的事情不要強加於他人。同樣內容的話也見於《中庸》，也出自孔子之口，「忠恕違道不遠。施諸己而不願，亦勿施於人」，不願別人加在自己身上的行為也不要加在別人身上，能夠對人竭盡心力，做到推己及人，離儒家所追求的最高境界「道」已經不遠了。對此，孔子還以自己為例作了詳細的解釋，「君子之道四，丘未能一焉：所求乎子以事父，未能也；所求乎臣以事君，未能也；所求乎弟以事兄，未能也；所求乎朋友先施之，未能也」。君子的行為準則有四條：用要求人子應有的行為去侍奉父親，用要求臣子應有的行為去侍奉君主，用要求弟弟應有的行為去侍奉兄長，用要求朋友應該做到的行為自己首先去做到。《大學》也說：「所惡於上，毋以使下；所惡於下，毋以事上；所惡於前，毋以先後；所惡於後，毋以從前；所惡於右，毋以交於左；所惡於左，毋以交

◉ 忠恕堂內景

堂在孔府內，為紀念「夫子之道忠恕而已矣」建。

◉ 子羔仁恕

心懷惻隱之心，即使按法處罰了他人，也能得到他人的感謝。

於右。」你厭惡上面人的行為，就不要用同樣的行為使用下面的人；你厭惡下面人的行為，就不要用同樣的行為去奉事上面的人；你厭惡前面人的行為，就不要用同樣的行為去對待後面的人，你厭惡後面人的行為，就不要用同樣的行為去對待前面的人；你厭惡右邊人的行為，就不要用同樣的行為去對待左邊的人，你厭惡左邊人的行為，就不要用同樣的行為去對待右邊的人。由此可見，孔子講的恕是人己統一的情操，體現了人與人關係的平等，表現了孔子對他人人格的尊重，孔子的思想確實是具有進步意義的。

《左傳・襄公二十三年》紀錄了孔子關於恕的一段話，「有臧武仲之知而不容於魯國，抑有由也，作不順而施不恕也。〈夏書〉曰：『念茲在茲』，順事恕施也。」臧武仲以幼代長成為臧氏宗子，且又幫助季武子廢長立幼，所以孔子批評他不順於事理不合於恕道，自己做事已經違背了事理怎麼能再幫他人去做違背事理的事情呢？《禮記・孔子閒居》中也有

孔子講恕的記載：「無服之喪，內恕孔悲」，君子對於五服親人之外的喪事也很悲傷，因為別人的喪事如同自己的喪事一樣，也體現了孔子恕的思想。

在回答子貢的另一次提問時，孔子說：「夫仁者，己欲立而立人，己欲達而達人。能近取譬，可謂仁之方已」（〈雍也〉），自己想立身，也幫助別人立身，自己想事事通達，也幫助別人事事通達，能就近作比，可以說是仁的方向了（錢穆解釋）。對此，漢代孔安國解釋說「但能近取譬於己，皆恕己所欲而施之與人」，認為己欲立而立人、己欲達而達人是恕，是恕己所欲而施之與人。朱熹贊同孔安國的意見，他說：「近取諸

身，以己所欲譬之他人，知其所欲亦猶是也，然後推其所欲以及乎人，則恕之事而仁之術也」（《四書集注》），認爲近取於己，以自己的欲望比於他人，他人的欲望與自己相同，然後將自己的欲望放在他人身上，就是恕的內容和實行仁德的辦法。後代學者認爲，「己所不欲，勿施於人」是恕的低等境界，「己欲立而立人，己欲達而達人」是恕的更高境界。

◉ 題季札墓

季札是吳國公子，謙讓不任國君，決定兄弟輪流擔任，三個哥哥都當了國君，他最後還是不當。孔子很佩服他，爲他題寫墓碑。

恕可以通過以己度人，推己及人，達到人際關係的和諧和感情的溝通。應該說，它反映了古代思想家追求人與人之間平等、對人寬容、體諒的美好願望，是一種與人爲善、成人之美的優秀品格。

讓

讓，《說文解字》解釋說「讓，相責讓，從言，襄聲」，是個形聲字，但我認爲它的本意恐怕不是相責讓。《尙書》中讓字共十一見，無一作責讓講，《詩經》中一見，「受爵不讓」也不作責讓講，《論語》中凡七見，均不作責讓講。作責讓講的讓字最早出現在《左傳》傳文中，桓公八年（前704年）「使蓮章讓黃」，派蓮章去責備黃國，僖公五年（前655年），晉獻公派士蔿二公子修築城邑，牆裏放進了木柴，「公使讓之」，晉獻公派人去責備士蔿。

讓在《尚書》、《詩經》、《論語》中作謙讓、辭讓、推讓講，這是讓的倫理意義。

讓是儒家倫理思想的重要範疇之一。讓並不是一味地相讓，什麼都相讓，而是在功、名、權、利上先人後己，而在職責、義務上先己後人。孔子曾這樣教育弟子：「孟之反不伐，奔而殿，將入門策其馬，曰：『非敢後也，馬不進也』」（〈雍也〉），孟之反不誇耀自己，敗退時，他在後面掩護全軍，到鄰近城門的時候卻用鞭打馬急行，並說自己不敢落在後面，是自己的馬不肯快跑，孔子以此教育弟子在榮譽面前要推讓。孔子強調說：「善則稱人，過則稱己，則民不爭」；「善則稱人，過則稱己，則怨益亡」；「善則稱人，過則稱己，則民讓善」；「善則稱君，過則稱己，則

民作忠」；「善則稱親，過則稱己，則民作孝」（《禮記・坊記》）。好事歸功於他人，過錯歸於自己，那麼人民就不會相爭，怨恨就會消失，人民都會把好事歸功於他人；好事歸功於國君，責任歸於自己，就會興起忠誠的風氣；好事歸功於父母，責任歸於自己，就會興起孝敬的風氣。功勞歸於他人，責任留給自己，就會改善社會風氣，創造良好的社會環境。

孔子主張禮讓賢能，盛讚「泰伯其可謂至德也已矣，三以天下讓，民無得而稱焉」（〈泰伯〉），泰伯為了實現父親的意願，與二弟仲雍南走，讓國於幼弟季歷，被孔子推許為有最高的品德，人們都找不出合適的語言讚頌他。孔子主張禮讓治國，「能以禮讓為國乎，何有？不能以禮讓為國，如禮何？」（〈里仁〉）如果用禮讓治理國家，那還有什麼困難呢？不能以禮讓治理國家，那怎麼對待禮儀呢？禮讓治國是禮儀的本質，不能以禮義治理國家，那禮儀還有什麼用處呢？孔子非常喜歡謙讓，他派弟子漆雕開去做官，漆雕開回答說「吾

⊙ 四子侍坐

孔子讓四個弟子談志向，批評子路不謙讓。

斯之未能信」，對自己的能力還沒有信心，孔子聽了很高興，認爲漆雕開在世人所追崇的權職上能夠做到謙讓（〈公冶長〉）。相反，弟子子路搶先回答且大言不慚就受到孔子的譏笑。孔子要弟子們談論各自的志向，子路搶先回答說：「千乘之國，攝乎大國之間，加之以師旅，因之以饑饉，由也爲之，比及三年，可使有勇且知方也」，一個有千輛兵車的大國，處於幾個大國之間，外有敵軍入侵，內有饑荒，讓我治理，只要三年，可以使人人有勇氣，而且懂得大道理。孔子對他報以面帶譏笑的微微一笑，其後他對曾皙解釋說「爲國以禮，其言不讓，是故哂之」（〈先進〉），應該以禮讓治國，子路卻搶先發言，一點都不謙讓，如何禮讓賢能，解決他所說的那種內憂外患的國政問題呢？國家要興起禮讓之風，就需要統治者以身作則，「君子貴人而賤己，先人而後己，則民作讓」（《禮記》），統治者貴人賤己，先人後己，民間就能禮讓成風。

孔子推崇謙讓，反對有悖於謙讓的行爲。弟子原憲問他：「克、伐、怨、欲不行焉，可以爲仁矣？」孔子回答說：「可以爲難矣，仁則吾不知也」（〈憲問〉），如果能做到沒有好勝（克）、自誇（伐）、怨恨、貪心這四種毛病是很難的，但不好勝、不自誇並不是謙虛禮讓，所以還不能算是仁德。

讓還有謙遜的意思，這是孔子每到一個地方瞭解本地政事的一個手段。子禽曾問子貢「夫子至於是邦也，必聞其政，求之與？抑與之與？」子貢回答說：「夫子溫、良、恭、儉、讓以得之。」（〈學而〉）孔子到了一個新的國家，必然瞭解到那個國家的政事，孔子是通過謙遜等辦法來取得的，他獲取的辦法和別人是不同的。

孔子提倡讓，並不是使人一味謙讓，「當仁，不讓於師」（〈衛靈公〉），在仁德面前就是自己的老師也不能謙讓。

恭

恭，《說文解字》解釋說：「恭，肅也，從心，共聲」，對肅解釋說：「肅，持事振敬也，……，戰戰兢兢也」，管理事務恭恭敬敬，小心謹慎，如同在深淵的邊上。兩者結合起來看，恭的意思是敬肅、恭敬和順，它包括兩方面的內容，一是自己容貌舉止的端莊嚴肅，一是對他人的謙虛和順。

恭是傳統的倫理道德之一，《尚書》中已頻繁使用，《詩經》中也出現六次，除個別作奉行講外，大多為倫理意義的恭。奇怪的是，《左傳》中只出現一次，但《論語》中出現十三次，八次出自孔子之口，二次是對孔子的評價，由此可見孔子是很重視恭這種倫理道德的。

孔子非常注意容貌舉止，他說：「君子有九思：視思明，聽思聰，色思溫，貌思恭，言思忠，事思敬，疑思問，忿思難，見得思義。」（〈季氏〉）

◉ 孔子塑像

很好地表現了孔子「溫而厲，威而不猛，恭而安」的神態。

「貌思恭」，容貌舉止考慮莊嚴和順，是君子必須考慮的九項內容之一。孔子是這樣說的，也是這樣做的，《論語》中說他「溫而厲，威而不猛，恭而安」（〈述而〉），溫和而嚴厲，威嚴而不凶猛，莊嚴而安詳。子貢說他通過「溫、良、恭、儉、讓」的態度很快就瞭解了一個新到國家的政事。子禽問子貢，孔子到了一個國家，很快就瞭解了這個國家的政事，是孔子打聽來的呢，還是別

◉ 舞雩從遊

樊遲是向孔子請教較多的弟子。

人主動告訴他的呢？子貢說孔子是靠溫和、善良、恭敬、節制、謙遜等態度獲得的。

恭不僅是個人的舉止問題，還是道德問題。「樊遲問仁，子曰：『居處恭，執事敬，與人忠，雖之夷狄，不可棄也』」（〈子路〉），平日容貌端莊，對工作嚴肅認真、對別人忠心耿耿，被孔子當作最高道德規範仁德的內容。恭還是衡量仁人的標準之一，弟子子張問仁，孔子告訴他「能行五者於天下為仁矣」，並解釋五者是「恭、寬、信、敏、惠。恭則不侮，寬則得眾，信則人任焉，敏則有功，惠則足以使人」（〈陽貨〉），恭敬就不會遭受侮辱，寬厚就能得到人心，誠實就會得到信任，勤敏就會有功勞，慈惠就能使用他人，能夠將恭、寬、信、敏、惠推行於天下就是仁人。一個好的政治家要容顏態度莊嚴恭敬，孔子讚揚子產「有君子之道四焉：其行己也恭，其事上也敬，其養民也惠，其使民也義」（〈公冶長〉），個人容顏莊嚴恭敬是君子之道之一。孔子讚揚舜無為而治，「恭己正南面而已矣」，當然，要從容安靜地使天下太平，僅靠端莊嚴肅地坐在朝堂上是不行的，還必須選拔重用賢人才可以。

恭不能虛偽，「巧言，令色，足恭，左丘明恥之，丘亦恥之」（〈公冶長〉），花言巧語，偽善的容貌，十足的恭順，孔子認為是最可恥的。

任何一個人都應該對人恭敬，但不是越恭敬越好，而是應該合乎禮。孔子說「恭而無禮則勞」（〈泰伯〉），容貌端莊，詞色恭謹，不合禮節，勞而無功，只能徒增勞倦。弟子子夏說「君子敬而無失，與人恭而有禮，四海之內皆兄弟也，君子何患乎無兄弟也」（〈顏淵〉），工作嚴肅認真而不出差錯，對人恭謹有禮，即使走遍天下，到處都有好兄弟。另一個弟子有若說「恭近於禮，遠恥辱也」（〈學而〉），容貌舉止恭順得合乎禮儀才能免遭恥辱。恭必須合乎禮。

敬

敬也是傳統儒家倫理道德之一，在《尚書》、《詩經》、《左傳》中均大量使用。對敬的解釋，《說文解字》與恭一樣，「敬，肅也」，現在人們也恭敬連用，其實，恭與敬還是有很大差別的。在《論語》中，敬字共出現二十一次，其中十六次出自孔子之口。敬的內容除了與恭相同的端莊恭謹外，還有尊敬、尊重和慎重、嚴肅認真等含義。所以敬包括三方面的內容，一是對工作、對事業的慎重、嚴肅認真，二是對他人的尊敬，三是居家行事的端莊恭謹。

「事思敬」，「執事敬」，屬於職業道德倫理，工作前就要考慮嚴肅認真地對待工作，工作中要採取嚴肅認真的工作態度。孔子是這樣說的，也是這樣做的。齊魯兩國國君夾谷相會，魯弱齊強，弱國無外交，本來就處於劣勢的魯國很容易在這種外交活動中吃虧，但孔子有嚴肅認真的工作態度，未雨綢繆，「文事而有武備」，事先設置了兩個司馬，在會盟地點附近布置了軍隊，盟會時據理力爭，挫敗了齊

⊙ 敬入宮門　**對國君心存尊敬。**

國一個又一個陰謀，最後不但使魯國在外交上獲得了勝利，而且取得了軍事上沒有取得的勝利，收回了被齊國用武力奪取的土地。

⊙ 齊魯會夾谷圖

孔子具有嚴肅認真的工作態度，預作安排，挫敗了齊國的陰謀詭計。

圖說孔子

對他人的尊敬，包括對父母、對國君、對朋友的尊敬。對父母要敬，「今之孝者，是謂能養。至於犬馬皆能有養，不敬，何以別乎？」（〈為政〉），對父母尊敬，是人與動物的根本區別。對國君要敬，孔子讚揚子產「事上也敬」，對國君的尊敬要落實在工作中，「事君，敬其事而後其食」，先做好自己的工作然後再考慮自己的報酬，這還是一個職業道德問題。對朋友要敬，楚人怕魚腐爛趕快送給孔子，孔子接受後仍然舉行祭祀，朋友送用陶器煮熟、盛放的食物，孔子也很高興地接受，這是對朋友的尊敬。

◎ 受魚致祭

別人把怕天熱腐爛的魚送給孔子，孔子也照樣舉行祭祀，這是對人的尊敬。

　　孔子對居家行事的端莊恭謹論述的也比較多，要「行篤敬」，做事忠厚嚴肅；行禮要敬，「居上不寬，行禮不敬，臨喪不哀，何以觀之哉？」（〈八佾〉）行禮不嚴肅認真，怎麼能看得下去呢？侍奉父母要心存恭敬，對父母不對的地方要輕微婉轉地勸諫，自己的意見沒有被接受，也要「又敬不違」。

　　每一個統治者都希望他治下的人民都能認真對待自己的工作，但要人民都有嚴肅認真的工作態度，統治者首先要提高自己的修養，「修己以敬」，修養自己來嚴肅認真地對待工作。其次要用嚴肅認真的態度來治理，「臨之以莊，則敬」，「不莊以臨之，則民不敬」（〈衛靈公〉），治民要「居敬而行簡」，「敬事而信」，態度嚴肅認真，處理事情要簡易，不煩民，不擾民。統治者要得到人民的尊敬就要講究禮節，「上好禮，則民莫敢不敬」（〈子路〉），以禮對待人民才能使人民尊敬。

教育思想

　　孔子是中國歷史上也是世界歷史上第一個偉大的教育家，他首先創辦私學，將教育從官府推向民間；他提倡有教無類，廣收門徒，弟子三千，賢人七十，培養了一大批德才兼備的政治人才；他一生從事教育，誨人不倦，在長期的教學實踐中積累了豐富的教育經驗，創造了科學的教育方法和教育方式，創立了完整的教育理論，爲繼承、發展和傳播古代文化做出了重大貢獻。孔子的教育主張、教育目的、教育方法，直到今天仍然閃耀著智者的光輝。

教育主張

　　孔子說「性相近也，習相遠也」（〈陽貨〉），人的本性是相近的，後天的習染不同才使人產生了差別。孔子的觀點是正確的，存在決定意識，成長過程中的家庭和社會環境決定了人的思想意識的形成。馬克思說：「搬運夫和哲學家之間的原始差別是比家犬和獵犬之間的差別小得多，他們之間的鴻溝是分工掘成的」，人思想意識上的差別是社會環境不同造成的。人的思想意識是後天形成的，是可以通過教育培養的。人通過教育可以培養良好的道德，掌握豐富的知識，人人都可以而且應該接受教育。

　　孔子主張「有教無類」（〈衛靈公〉），不論富貴貧賤，人人都應該接受教育，人人也有受教育的權利。有教無類在當時是一個革命的口號，它打破了貴族階級對教育的壟斷，對文化知識的壟斷。在孔子以前的社會中，「古之教者，家有塾，黨有庠，術有序，國有學」（《禮記·學

◉ 杏壇設教圖　〔明〕吳彬 作。

記》），教育主要是官辦，只有貴族子弟才有接受教育的資格和權利，平民子弟接受教育的可能性很小。孔子並將「有教無類」的主張付諸實施，他首創私學，將教育擴大到民間，將受教育的對象擴大到平民和奴隸子弟。孔子的三千弟子中，雖有擁有權力和財富的貴族子弟如南宮敬叔、司馬牛，富商巨賈如子貢，但更多的是出身低微的賤民野人，如一簞食、一瓢飲、家住陋巷的顏回，「冠雄雞，佩豭豚」（戴著雄雞式的帽子，佩著公豬皮裝飾的寶劍），「衣敝縕袍」（穿著破爛絲棉袍子）的子路，「終身空室蓬戶，褐衣疏食」（穿粗麻織成的衣服，吃粗食）的原憲。所以有人說「夫子之門何其雜也」，子貢對此解釋說：「君子正身以俟，欲來者不拒，欲去者不止。且夫良醫之門多病人，檃栝之側多枉木，是以雜也」（《荀子‧法行》），這也正說明孔子確實是實踐了自己有教無類的主張。

「有教無類」充分表現了孔子思想的人民性和民主性，是孔子「泛愛眾，而親仁」仁愛思想的具體實踐。有教無類主張是中國教育史上劃時代的革命性創舉，為中國開創了文化下移和教育普及的道路，為傳統文化的廣泛傳播，為中國的進步和發展作出了重大貢獻。

◎ 退修琴書圖
孔子從中年開始從事教育事業，收徒設教。

◎ 大夫師事
孔子弟子中既有貴族，也有平民、奴隸。

教育目的

孔子對興辦教育的目的沒有明言，倒是弟子子夏「學而優則仕」這句話道出了孔子興辦教育的真實目的。學習優秀者就要做官，學習是通向做官的途徑，而孔子創辦學校的目的就是培養能推行自己政治主張的官員。

為了改造社會，實現自己的政治理想，孔子後半生棲棲遑遑周遊列國，奔走於各國諸侯之間，尋求推行自己政治主張的機會，但他「削跡於衛，伐樹於宋，窮於商周，圍於陳蔡」，吃盡閉門羹，奔波十四年也沒有找到施展自己政治抱負的舞臺。一生不得志，孔子就把實現自己政治理想的希望寄託在弟子身上。他首創私學，目的就是培養推行仁政德治的政治人才，通過培養上事君以忠、下使民以惠的賢臣去實現小康社會，創造天下為公的大同世界。

孔子確實是提倡「學而優則仕」的，他說：「先進於禮樂，野人也；後進於禮樂，君子也。如用之，則吾從先進。」先學習禮樂而後做官的是平

⊙ 陋巷故址與陋巷井　顏回當年居住的地方。

民，先有了官位而後學習禮樂的是貴族子弟。如果要選用人才，孔子主張選用先學習禮樂的人，實際上就是主張學而優則仕，將學習與做官連繫起來。孔子鼓勵學生們努力學習，「不患無位，患所以立」，不必擔心沒有官做，只去考慮學好做官所需要的知識本領就行了，學好本領自然就有官做。孔子是支持弟子們出仕做官的，子張問當官求得俸祿的方法，孔子告

⊙ 過蒲贊政
　　子路為蒲宰，恭敬忠信，治理得很好，顯示了從政才幹。

訴他多聽別人說話，保留疑惑的部分，謹慎地說出其餘的部分就會少犯錯誤，多看別人行事，保留危險的部分，謹慎地實行其餘的地方就能減少後悔，說話少犯錯誤，行動減少後悔，官位俸祿就都有了。鼓勵弟子要儘早出仕做官，「三年學，不至於穀，不易得也」，學習了三年，還不考慮出仕做官，是很少的。弟子們對此大都心照不宣，只有心直口快的子路說「不仕無義」，學習以後，不做官是沒有道理的。孔子培養的一批弟子，大多或早或遲地參加政治活動，孔子在世時，就有冉求、子路、子游、子貢、宓子賤等人已經走上政治舞臺，孔子去世後，弟子們「散游諸侯，大者爲師傅卿相，小者友教士大夫」，在學術上，儒分爲八，不論在政治上還是在學術上都形成了強大的儒家集團。

「學而優則仕」這一教育目的，在中國教育史上具有重要的意義，把學習與出仕做官連繫起來，有利於推行賢人政治，改良社會政治，它與孔子的舉賢才思想是一致的，反映了封建制興起時的社會需要，打破不學而仕的世襲制，爲平民從政開闢了道路，也爲中國歷史上千餘年的文官主政開闢了道路。

◎ 子西沮封

〔明〕《聖跡圖》：楚國令尹（宰相）認為孔子的弟子具有不同的才幹。

教學方法

　　在長期的教學實踐中，孔子採用靈活多樣的教學方式，因材施教，教學相長，循序漸進，循循善誘，舉一反三，不悱不啓，創造了一系列科學的教育方法，爲後人留下一份寶貴的遺產。

　　因材施教，教學活動不同於一般的生產活動，它的教育對象是各個不同有著獨立意識的個人，而孔子有教無類，廣收弟子，弟子的智力、性格、志趣各有差別，這就決定了在教學活動中不能採用同一種方式、方法同時教育好所有的受教育者。孔子很早就注意到這一點，創造性地發明了因材施教的教學方法。

⊙ 農山言志

　　孔子師徒遊農山，孔子讓子路、顏回、子貢談志向。

⊙ 舞雩臺

　　孔子師徒經常活動的地方，在魯國城南。

　　孔子說：「中人以上，可以語上也；中人以下，不可以語上也」（〈雍也〉），孔子並非是要把弟子分成三六九等，而是根據學生資質上的差異進行不同的教育。孔子說：「柴也愚，參也魯，師也辟，由也喭」（〈先進〉），高柴愚笨，曾參遲鈍，顓孫師偏激，子路魯莽，孔子是很瞭解弟子的，當然要根據弟子的智力、性格進行有針對性地教育。《論語》中記載了這樣一個故事，子路問孔子「聞斯行諸」，聽到後就去做嗎？孔子說：「有父兄在，如之何聞斯行諸？」有父親、兄長在，怎麼能聽到後就去做呢？冉求又問同樣的問題，孔子告訴他「聞斯行之」，聽到後就去做。這使在一旁的公

西華大爲不解，子路、冉求問的是同樣的問題，老師你怎麼給的答案不一樣呢？孔子告訴他，冉求做事退縮，膽子小，我就教他凡事要果斷，聽到了就應馬上去做，子路膽子大，我怕他冒失惹禍，就教他遇事要同父兄商量，這是孔子因材施教的一個非常好的例子。爲了更好地因材施教，孔子經常瞭解弟子的志趣，《論語・先進》篇中記載孔子要子路、冉求、公西華、曾點談志向，〈公冶長〉篇中記載孔子要顏淵、子路談志向，《孔子家語》記載孔子要子路、子貢、顏淵談志向。師徒談論志向使孔子瞭解了弟子，也進行了有針對性地因材施教教育。

觀器論道

孔子參觀魯桓公廟，藉欹器「中則正，滿則覆」教育弟子謙遜守成。

啓發式教學 孔子是最早採用啓發式教學方法的教育家。孔子教育學生不是採取簡單地灌輸的方式，而是採用啓發式教學，「不憤不啓，不悱不發，舉一隅不以三隅反，則不復也」，不到學生思考後仍不得要領時不去開導他，不到學生想表達而苦於說不出來的時候不去啓發他，如果學生不能舉一反三就不再勉強教下去。孔子教育弟子要獨立思考，要觸

⊙ 四子侍坐塑像　錢紹武　作。
孔子要弟子子路、冉求、公西華、曾點談談各自的志向。

類旁通，聞一知二，聞一知十，「告諸往而知來者」。

　　循循善誘　孔子積極引導弟子潛心向學，「知之者不如好之者，好之者不如樂之者」，懂得的人不如喜歡的人，喜歡的人不如以此爲樂的人；以顏回爲例教育弟子安貧樂道，「顏回一簞食，一瓢飲，在陋巷，人不堪其憂，回也不改其樂，賢哉回也」；教育弟子不要貪圖安逸，「士而懷居，不足以爲士矣」，貪圖安逸就不能算是士了；激勵弟子積極向上，「君子上達，小人下達」；鼓勵弟子仁不是很難追求的，我想學就能學得到，「仁遠乎哉？我欲仁，斯仁至矣」。難怪弟子顏回說「夫子循循然善誘人，博我以文，約我以禮，欲罷不能」，引導得弟子想停都停不下來。

　　教學相長　教學中，孔子提倡相互切磋，共同討論。子貢問：「貧而無諂、富而無驕，何如？」貧窮卻不巴結，富有卻不驕傲怎麼樣？孔子說可以，「未若貧而樂，富而好禮者也」，子貢說《詩經》「如切如磋，如琢如磨」就是這個意思吧，孔子高興地說可以和你討論《詩經》了，你能舉一反三了。在學習中，孔子鼓勵弟子們勇於發問，「不曰如之何如之何者，吾末如之何也已矣」（〈衛靈公〉），不說怎麼辦的人，我也不知道怎麼辦了。顏回雖然是孔子最喜歡的弟子，但不好提問，孔子就批評他「回也非助我者也，於我言無所不

說」。子夏提問後，孔子就表揚他「起予者商也」，對自己大有啓發。

針對性教育 孔子教育非常具有針對性，弟子問仁、問孝、問政、問君子，孔子幾乎沒有一個相同的答案。對仁，孔子給顏淵的答案是克己復禮，給樊遲的一次是「居處恭，執事敬，與人忠」，一次是「愛人」，對子貢是「工欲善其事，必先利其器。居是邦也，事其大夫之賢者，友其士之仁者」，對子張是能將恭、寬、信、敏、惠推行天下，對司馬牛是「其言也訒」（言語遲鈍），對仲弓是「出門如見大賓，使民如承大祭。己所不欲，勿施於人。在邦無怨，在家無怨」，都是很有針對性的。季康子問政，孔子說：「政者，正也。子帥以正，孰敢不正？」針對性是很強的。季康子以大夫而執魯國國政，魯公被當作傀儡，當然就名不正言不順，自己不正難正人，你自己帶頭行正道，誰還敢不正呢？

⊙ 問禮堂舊址
遺址在曲阜周公廟內。

學習方法

孔子非常重視學習，他認爲人只有通過學習才能獲得知識、提高能力、修養品德，即使你有追求良好品德和才能的願望，如果不努力學習，不僅不會達到目的，反而會帶來毛病。孔子曾指出不好學習的六種毛病：喜好仁愛而不好學習的毛病是愚蠢，喜好聰明而不好學習的毛病是放蕩，喜好誠實而不好學習的毛病是容易被人傷害，喜好直爽而不好學習

的毛病是急躁，喜好勇敢而不好學習的毛病是闖禍，喜好剛強而不好學習的毛病是狂妄（〈陽貨〉）。孔子主張學習的內容不在多而在於應用，他說：「誦詩三百，授之以政，不達，使於四方，不能專對，亦奚以為？」（〈子路〉），熟讀《詩經》三百篇，擔任官吏不能處理政事，出使他國不能獨自應答，學的再多有什麼用？

孔子自述「吾十有五而志於學」，「學而不已，闔棺乃止」，一生都在如饑似渴地追求知識。他學無常師，敏而好學，不恥下問，在一生的學習經歷中總結出了學思結合、溫故知新、每事問、舉一反三等學習方法。

學思結合 孔子主張學習與思考相結合，他說「學而不思則罔，思而不學則殆」（〈為政〉），只讀書而不思考就會迷惘不解；只思考而不讀書就會困乏無益。他還以自己為例說，「吾嘗終日不食，終夜不寢，以思，無益，不如學也」（〈衛靈公〉），整天不吃飯，整夜不睡覺，端坐思考，但沒有一點益處，不如去學習。孔子十分精闢地論述了學習與思考的辨證關係，學習必須多讀書，在讀書的基礎上認真分析思考，「學」是「思」的基礎，「思」是「學」的靈

魂，讀書的目的是掌握知識，只有通過思考，書本上知識才能被掌握，才能成為自己的知識。

溫故知新 孔子主張「學而時習之」，「溫故而知新」，對學習過的內容要經常進行溫習，通過溫習學習過的內容而有新的發現，新的收穫。孔子的觀點是符合認識的客觀規律的，學習是把外在知識轉化為內在能力的過程，他人的知識不可能通過一次學習就能夠全部理解，成為自己的知識，轉化為自身的能力，只有對已經學過的知識不斷地進行復習才能真正掌握。當然，復習不能簡單地重溫學過的內容，而是對學過的內容加深理解，從不同的角度、不同的方面去理解，每次復習才會有不同的感覺和體會，才會有不同的發現和收穫。弟子子夏深得孔子溫故知新的真諦，他說「日知其所亡，月無忘其所能，可謂好學也矣」，每天都有新的收穫，每月都不忘記學過的舊知識，就可以說是好學了。

每事問 孔子對學習採取每事問的態度，他進入魯國的太廟，每事都要問，以致於別人認為他不懂得禮儀，孔子聽到後說「這就是禮」。孔子對待學習的態度是「知之為知之，不知為不知」，知道的就是知道，不知道的就是不知道，不能不懂裝懂，自己

◉ 學琴師襄圖

孔子學無常師，曾向師襄學習彈琴。

不懂的就要向他人請教。向他人請教時要「不恥下問」，不計較他人的地位、身分、年齡。

學無常師 孔子周遊列國在衛國停留時，公孫朝問子貢孔子的知識是從哪裏學來的，子貢說：「文武之道未墜於地，在人，賢者識其大者，不賢者識其小者，莫不有文武之道也。夫子焉不學，而亦何常師之有？」（〈微子〉）文武之道還保存在人間，賢能的人知道大的，不賢能的人知道小的，孔子哪一個不去學呢，哪裏有固定的老師？孔子確實是學無常師，據記載他就曾問官郯子，問禮老子，學琴師襄，訪樂萇弘，進太廟每事問，「三人行必有我師」，「見賢思齊」，隨時隨地的向人學習。

舉一反三 孔子提倡演繹類推的學習方法，主張舉一隅而以三隅反，指出器物的一面就能推知其他的三面，舉一反三這個詞就是從孔子的話中產生的。學習不僅要舉一反三，還要「聞一知十」，子貢認爲自己不如顏回聰明，自己聞一知二，顏回能聞一知十，通過一件事就能推知十件事，孔子同意子貢的意見，謙虛地讚許顏回說「我和你都趕不上他」。

哲學思想

孔子雖然自稱「述而不作」，但事實上卻開創性地基本建立了一個包括世界觀、天命觀、認識論、方法論在內的哲學思想體系。孔子不是進行純哲學的研究，而是將哲學與政治、社會、文化、倫理道德等社會科學和自然科學緊密結合，通過對政治、社會、文化、倫理道德等社會科學和自然科學的歷史研究和實際觀察，又歸結於政治、社會、文化、倫理道德等社會科學和自然科學的實踐，功利性很強，所以黑格爾說「孔子只是一個實際的世間智者，在他那裏思辨的哲學是一點也沒有的，只是一些善良的、老練的、道德的教訓」（黑格爾《哲學史講演錄》第一卷，商務印書館1981年版，第119頁），這固然是西方哲學家對東方哲學的偏見，但也不可否認，孔子的哲學思想確實缺少思辨能力，但考慮到孔子早於黑格爾兩千三百多年，孔子的思想也就非常難能可貴了。

世界觀

應該說，孔子的世界觀尚未形成完整的體系，但從他的言論中可以看出，他認為世界是在不斷發展變化的，要順應客觀規律，已具有唯物辯證的成分。

世界在不斷地變化，社會制度也在不斷地變化，但這種變化是可知的。弟子子張問：「十世可知

⊙ 三聖圖　〔明〕佚名 作。

　中為孔子，左為曾參，右為顏回，人物衣紋書寫著《論語》。

也？」孔子回答說：「殷因於夏禮，所損益可知也；周因於殷禮，所損益可知也；其或繼周者，雖百世可知也」（〈為政〉），社會制度的變化是可預知的，那就是對舊的制度進行損益，適合的就保留，不適合的就廢棄，不足的就創新。在這種損益中，要繼承歷史上的優秀文化，「行夏之時，乘殷之輅，服周之冕；樂則韶舞，放鄭聲，遠佞人。鄭聲淫，佞人殆」（〈衛靈公〉），用夏代的曆法（現在我們仍然把陰曆稱作夏曆），商朝的車子，周朝的禮帽，舜和周武王的音樂，捨棄鄭國的音樂，斥退小人，因為鄭國的音樂靡曼淫穢。要跟隨時代的變化，「麻冕，禮也；今也純，儉，吾從眾」（〈子罕〉），按照傳統的制度，禮帽應該是用麻料來做，現在都用絲料，雖然不合乎禮制，但節省費用，我採用大家的做法。孔子不僅跟隨時代的變化，而且敢為人先，首創私學，有教無類，打破學在官府的傳統，將教育擴展到民間，不分富貴貧賤，對青年一併進行教育。更難能可貴的是，孔子認為社會在發展，後人一定會超過前人，「後生可畏，焉知來者之不如今也」（〈子罕〉），年輕人是可怕的，怎麼能斷定他將來趕不上現在的人呢？

⦿ 楚狂接輿

孔子明知改革社會的主張行不通但他還極力進行宣傳。

天命觀

　　在孔子以前的傳統思想中，「天」是自然和社會的最高主宰，「命」是自己無法控制的異己力量。春秋時期，人們仍然認為天主宰著一切，支配著人的命運，鬼

神也可禍福人類。孔子也談論天，談論天命，但他重人道，輕天道，敢於同命運抗爭，「知其不可而爲之」，對鬼神敬而遠之。

子路說「夫子之文章可得而聞也，夫子之言性與天道不可得而聞也」（〈公冶長〉），看來孔子是重人道，輕天道，很少談論天的。在《論語》中，孔子僅有八次談到天，如果把孔子談的天分類的話，可以分作兩類。一是無意識的自然的天：「天何言哉？四時行焉，萬物生焉。天何言哉！」（〈陽貨〉），天說了什麼呢？四季照樣運行，萬物照樣生長，天並不是發號施令的主宰神。二是具有意志的人格神：「吾誰欺？欺天乎。」（〈子罕〉），「獲罪於天，無所禱也」（〈八佾〉），「不怨天，不尤人，下學而上達，知我者其天乎。」（〈憲問〉），「子見南子，子路不悅。夫子誓之曰：『予所否者，天厭之，天厭之。』」（〈雍也〉），「顏淵死，子曰：『噫！天喪予！天喪予！』」（〈先進〉），匡地被圍，孔子說：「文王既沒，文不在茲乎？天之將喪斯文也，後死者不得與於斯

◎ 習禮樹下圖

孔子在樹下習禮，宋國司馬桓魋派人伐掉大樹警告孔子，孔子雖然說「天生德於予，桓魋其如予何」但還是與弟子們跑散了。

文也；天之未喪斯文也，匡人其如予何。」（〈子罕〉），天是有意志、能賞罰的人格神。在孔子最困難、最痛苦、最需要依靠的情況下，天能給孔子以心靈的慰藉，精神的力量，鼓舞孔子去鬥爭，但是孔子對天似乎也不相信，雖然他自許「天生德於予」，老天給了我這樣的品德，桓魋能把我怎麼樣？但當宋人伐樹警告時孔子還是逃命要緊，以致和弟子們都

圖說孔子

跑散了。

《論語》說「子罕言利、與命與仁」，孔子很少談論命運，但並不是不談。孔子也談論命，論命也可分作兩類，「君子有三畏：畏天命，畏大人，畏聖人之言。小人不知天命而不畏也」（〈季氏〉），「不知命，無以為君子」（〈堯曰〉），結合孔子的「四十而不惑，五十而知天命」來看，天命並不是冥冥之中不可把握的一種神祕的主宰力量，而是人類可以掌握自然界的客觀規律；但另一類就成了神祕的主宰力量：「命矣夫！斯人也而有斯疾。」（〈雍也〉），「道之將行也與，命也；道之將廢也與，命也」（〈憲問〉）。在命運方面，孔子可貴之處在於敢於同命運

◎ 問津圖

孔子棲棲遑遑周遊列國，就是尋找改造社會的機會。

抗爭，「知其不可而爲之」，明明知道自己做不到但還是去努力，他拋棄榮華富貴去周遊列國，宣傳自己的政治主張，尋求實現自己政治抱負、改善社會的機會，以致於顛沛流離、飽受困苦而不悔，「天下有道，丘不與易也」（〈微子〉），天下無道，即使自己做不到，也要努力去改革。

《論語》說「子不語怪力亂神」，孔子很少講鬼神。孔子重人事，輕鬼神，「未能事人，焉能事鬼」，所以「敬鬼神而遠之」，對鬼神採取的是不相信的態度，這在認爲鬼神掌管吉凶、可以禍福人類的春秋時期是難能可貴的。對於傳統的祭祀，孔子雖然要求「祭思敬」，但對祭祀的態度是「祭如在，祭神如神在」，「吾不與祭，如不祭」（〈八佾〉），對自己不能主持的祭祀是不會請別人代辦的，因爲「非其鬼而祭之，諂也」。墨子對儒家視鬼神、祭祀的態度看得非常清楚，他說「儒者執無鬼而學祭」，不信鬼神卻學習祭祀禮儀，這是因爲祭祀祖先是爲了教育活著的子孫，團結宗族，祭祀神靈是感謝有功於後人的先人，如教民稼穡的神農、發明車船的黃帝、教民蠶桑的嫘祖以及造福於社會的堯、舜、禹、湯等，這些祭祀和民間的祈福活動是有質的差別的。

應該說孔子對天、天命、鬼神的態度是有矛盾的，造成這種矛盾的原因是當時社會的天命觀、鬼神觀念非常強烈，孔子要改造社會必然會涉及社會的各個方面，必然涉及到社會上流行的天命、鬼神觀念，雖然孔子言語中多次涉及到天命、鬼神，但他並不那麼相信天命、鬼神。一部中國思想史主要探討人生社會而少講天命，多講人事而少講鬼神，只講改善社會、修養品德而不講靈魂不滅，這不能不說是孔子發端的功勞。

認識論

哲學的根本問題是存在與思維的關係問題，也就是認識的來源問題。

孔子曾將人分爲四等「生而知之者上也，學而知之者次也，困而學之又其次也，困而不學，民斯爲下矣」（〈季氏〉），世界上似乎有生來就有知識的人，但是在所有的文獻中，孔子推崇過的人物雖然很多，卻並沒有一個被他推許爲生而知之，對於自己，他也並不以「生而知之」自許，「我非生而知之者，好古敏以求之者也」（〈述而〉），自己不是生而知之的人，而是愛好古代文化並勤奮敏捷去追求的人。《論語》記載說，太

宰問子貢：「夫子聖者與？何其多能也？」子貢回答說「固天縱之將聖，又多能也」，是上天要使孔子成爲聖人，所以才使他多才多藝，但孔子卻不承認，是自己少時卑賤，才學會很多技藝的，「吾少也賤，故多能鄙事」（〈子罕〉）。

孔子雖然沒有專談認識的理論，但是孔子提倡的學習方法，觀察分析事物的方法卻是合乎認識事物的規律的。

學習的方法一是「每事問」：多問，多見。二是學習：隨時隨地地向他人學習，「三人行必有我師焉」；向有專門知識的人虛心求教，他曾問禮於老子，學琴於師襄，訪官於郯子，訪樂於萇弘；學習要刻苦，孔子研究《易經》，韋編三絕；學習要追根求源，孔子學琴師襄，反覆練習，一直到弄清作曲人的志向、

⊙ 為委吏圖
　孔子年輕時曾經做過管理倉庫的小吏。

⊙ 問禮老子
　孔子曾專程到洛陽向老子請教禮制問題。

樂趣、形象才停止；學習要專心，在齊聞韶後，三個月都嚐不出肉的香味來；學習要觸類旁通，舉一反三，「聞一知十」，「下學而上達」，懂得一件事，可以推演而知十件事，學習基礎的知識，可由此進而領會高深的道理，此即理性演繹的方法。孔子觀欹器，就領悟出滿招損、謙受益的道理。三是學思結合：「學而不思則罔，思而不學則殆。」（〈為政〉），只讀書不思考就會受欺騙，只思考不讀書就會主觀片面，思考要建立在已有知識的基礎上，否則即為空想，「吾嘗終日不食，終日不寢，以思，無益，不如學也」，孔子的這些言論已經接觸到感性認識和理性認識的關係問題，而且相當重視理性認識。四是對知識採取實事求是的態度：「知之為知之，不知為不知，是知也」（〈為政〉），不能不懂裝懂，「子絕四：毋意，毋必，毋固，毋我」（〈子罕〉），不平空猜測，不絕對肯定，不固執己見，不惟我獨是。

觀察分析事物的方法一是對感性認識要持存疑、審慎的態度。孔子說「多聞闕疑，慎言其餘，則寡尤；多見闕殆，慎行其餘，則寡悔」（〈為政〉），多聽，對有懷疑的地方加以保留，謹慎地說出自信無疑的部分就能減少錯誤；多看，對有懷疑的地方加以保留，謹慎地實行自信無疑的部分，就能減少後悔。二是要進行分析，「法語之言能無從乎？改之為貴；巽與之言能無說乎？繹之為貴」（〈子罕〉），合乎原則的話能不順從嗎？改正錯誤才

⊙ 學琴師襄圖　學習要專心，追根求源。

可貴；順從己意的話能不高興嗎？分析一下才可貴。三是要綜合考察：「視其所以，觀其所由，察其所安，人焉廋哉！人焉廋哉！」（〈為政〉），瞭解一個人要考察他的行動、方式方法和事後的心情，這樣就不會被他所欺騙；瞭解一個人不僅要聽他的話，而且還要考察他的行動，「始吾於人也聽其言而信其行，今吾於人也聽其言而觀其行」（〈公冶長〉）。

方法論

孔子提倡中庸之道，主張執兩用中，反對過與不及，提倡和而不同，這是孔子在研究歷史和實際觀察中以邏輯思維與形象思維相結合經過多方面對事物發展變化基本原因的分析、綜合得出的方法論。

中庸是孔子哲學中的重要範疇，「中」就是中正、中和，「庸」就是常，「用中為常道也」（《禮記·中庸》），朱熹解釋說「中庸者，不偏、不倚，無過、不及而平常之理」（《四書集注》），二程解釋說「不偏之謂中，不易之謂庸。中者天下之正道，庸者天下之定理」，中庸就是恰當地處理問題正確的、不能變易的原則。從文獻看，孔子以前就有「中」的概念，但將「中庸」作為道德提出來的卻是孔子，「中庸之為

◎ 讀易有感

損益合度才能長久。

德也，其至矣乎！民鮮久矣」（〈雍也〉），把中庸當成最高的道德。

中庸要求「允執其中」（〈堯曰〉），既不支持矛盾的肯定方面實行殘酷鬥爭，也不站在矛盾的否定方面促成矛盾轉化，而是站在中立的角度，使矛盾統一體協調地保持下去。表現在方法論上，強調矛盾的統一、調和，反對過頭和不及，「過猶不及」（〈先進〉），「〈關雎〉樂而不淫，哀而不傷」（〈八佾〉），快樂而不放蕩，悲哀而不痛苦，矛盾的兩個方面快樂與放蕩、悲哀與痛苦把握得恰到好處，和諧統一。治理國家要執兩用中，「舜其大知也與！舜好問而好察邇言，隱惡而揚善，執其兩端，用其中於民，其斯以為舜乎！」掌握過頭和不足，取其中施行於民眾（《中庸》）。生活上要中庸，「張而不弛，文武弗能也；弛而不張，文武弗為也；一張一弛，文武之道也」（《禮記·雜記下》），勞逸結合才是正確的生活方法。處理人際關係要中庸，「君子和而不同，小人同而不和」（〈子路〉），和而不同是允許保留不同意見之上的共識與和諧，同而不和是毫無原則的隨聲附和。個人修養要中庸，「質勝文則野，文勝質則史。文質彬彬，然後君子」（〈雍也〉），文采和樸實把握得恰到好處才能是文質彬彬的君子。

孔子的中庸方法論特點是承認矛盾，調和矛盾，使矛盾的兩方面統一和諧，在具體的使用上是不論處理任何事情都要把握一個合適的度，要把矛盾的諸方面處理得恰到好處。毛澤東對此稱讚說：「孔子的中庸觀念是孔子的一大發現，一大功績，是哲學的重要範疇，值得很好地解釋一番。」（《毛澤東書信集》）

◉ 觀蠟論俗

辛勤勞作一年後農民的蠟祭狂歡孔子認為是一張一弛。

經濟思想

　　孔子雖然「罕言利」，關於經濟的言論零散而不系統地散見於《論語》等文獻中，但他並非沒有經濟思想，如果加以分析歸納，還是可以理出孔子經濟思想的大概。

　　在生產觀點上，孔子認為生產勞動是小人的事情，君子、士人不應從事生產勞動，「君子懷德，小人懷土」，「君子謀道不謀食」，所以弟子樊遲向孔子請教學習種莊稼和種蔬菜，孔子不僅不教他，背後還罵他是小人。孔子雖然反對君子和士人從事生產勞動，但孔子非常重視物質生產，「所重民、食、喪、祭」，糧食是僅次於人民被優先重視的事情，「足食足兵，民信之矣」，糧食充足才能得到人們的信任。所以孔子主張富民，初到衛國，他讚歎人口眾多，冉求問人口多了以後怎麼辦，孔子就說「富之」，使他們富裕起來，冉求又問富裕以後怎麼辦，孔子回答說「教之」，教育他們。孔子的富、教主張既體現了他的經濟思想，也反映了他的政治思想，孔子的經濟思想是為他的政治思想服務的。

　　在社會財富的分配上，孔子主張平均，要兼顧貴族和勞動者雙方的利益。在《論語・季氏》中，孔子提出「不患寡而患不均」的觀點，治理國家，不必擔心財富的貧乏，財富分配的不平均才是最值得擔心的，社會財富的分配要平均。西周初年，實行助耕公田的貢賦法，將國家土地分作官田和私田，私田授給農民耕種，以解決其生活

◉ 子貢辭行

子貢任信陽宰，孔子告誡他無奪、無伐、無暴、無盜。

的需要，作爲條件，農民必須耕種公田，公田的收入歸國家所有，被稱爲「什一而藉」，國家徵收了大約十分之一的稅，同時，國家還徵收軍賦，用於軍事活動。但是到了春秋時期，隨著社會的發展，舊的土地制度已經被打破，土地私有，賦稅制度也必須改革，宣公十五年（前594年），魯國首先實行了「初稅畝」制度，按照土地面積收稅，大多學者認爲，徵稅比例提高到十分之二，增加了一倍。哀公十一年（前484年），季孫氏計畫「用田賦」，將過去「有軍旅之出則征之，無則已」的軍賦也改爲按照土地面積徵收而且改爲年年徵收的常賦，事前季孫氏派冉求去徵求孔子的意見，剛剛返回魯國的孔子也許對季孫氏有所期待，沒有公開反對，私下對冉求表達了他的反對之意，「君子之行也，度於禮，施取其厚，事舉其中，斂從其薄」，要採用周公之典，收稅要少。當冉求幫助季孫氏推行田賦時，孔子大怒，鼓動弟子們「鳴鼓而攻之」，反對季孫氏的橫徵暴斂。

在生產上，孔子主張不能耽誤農時，要合理使用資源。中國從農業文明出現後，一直以農立國，農業經濟實際上就是國家的經濟。所以孔子一再提出要「使民以時」，國家從事建設，一定要選在農閒季節，不要在農

◎ 放鱷知德

孔子弟子宓不齊任單父宰，規定漁民只捉大魚，捉到小魚要放回去。

忙時徵用農民，以免影響農業生產。孔子還非常重視合理使用土地資源，他任魯國司空時，將土地分成五類，因地制宜地種植各種農作物，結果「物各得其所生之宜，咸得厥所」。

孔子代理魯國宰相三個月，賣豬羊的商人就不再漫天要價。

孔子還具有持續發展和環保意識，主張「入山澤以其時」，按照節令狩獵、打魚。《論語》還說孔子「釣而不綱，弋不射宿」，釣魚時一杆一釣，不用長繩懸掛很多釣鉤，射鳥時絕不去射歇宿了的歸鳥。受孔子的教育，弟子宓不齊任單父宰，規定只准捉大魚，不准捉小魚，打魚的人捉到小魚都自覺地放回去。

在商業流通方面，孔子主張廢除關卡，自由貿易，反對商業行為中的弄虛作假和偽劣假冒。春秋以前，中國還沒有重農抑商的思想，孔子雖然反對弟子樊遲學種莊稼和蔬菜，但沒有反對弟子子貢經商，反而稱讚他「億則屢中」，能準確地預測商品的行情。孔子主張自由經商，「入山澤以其時

◎ 化行中都

孔子任中都宰一年，路不拾遺，市不二價。

作爲魯君，季康公紹孔子以丞相之實階以命魯以屈孔子身以省力以命魯以身政急者也大半使民富且身死省力段海喊欲則民富堂禮教則民富堂禮教遠施庶則民壽

◎ 泰山問政

孔子認為，減少徭役，減輕賦稅就能使人民富裕。

而無征，關譏市廛皆不收賦」，魯國臧文仲設置六關徵收過往的商品稅就遭到孔子的堅決反對。孔子還反對商業活動中的欺詐行爲，治理魯國三月以後，賣羊的沈猶氏再也不敢在早晨將羊灌得飽飽的，賣馬牛的不敢再漫天要價，賣豬羊的不敢再裝飾外表。

在消費上，孔子主張國家財政開支節用克儉，個人消費依禮而行。孔子三十多歲逗留齊國期間，齊景公向他問政，孔子回答說「政在節財」，節約財政開支。孔子還說「道千乘之國，敬事而信，節用而愛人，使民以時」，治理國家，要節省開支，愛護人民，國家減少了開支，就能減少對

人民的剝削，就能實現孔子所提倡的輕斂薄賦，這和孔子的仁政思想是一致的。對個人消費，孔子主張依禮而行，既不能奢侈，也不能吝嗇，要儉奢合度，特別提倡節儉。他說「奢則不孫，儉則固，與其不孫也寧固」，奢侈就顯得驕傲，太儉省就顯得寒傖，與其顯得驕傲，不如寒傖爲好；「禮，與其奢也寧儉；喪，與其易也寧戚」，行禮，與其鋪張浪費，不如樸素儉約，喪事，與其禮儀周到，不如內心悲痛；以禮行事，都要堅持節儉的原則。

管理思想

　　孔子的管理思想是一個完整的體系，內容非常豐富，包括行政管理、經濟管理、軍事管理、人才管理、教育管理等方面，它的核心是道德教化，特點是重視人才，最高的標準是無爲而治，由孔子提倡而不斷發展的儒家管理思想在長期的封建社會中成爲治國方略的基礎，對後世產生了重大的影響。

　　孔子的管理思想是爲他的政治思想服務的，「道之以政，齊之以刑，民免而無恥；道之以德，齊之以禮，有恥且格」，這段話最能反映孔子的行政管理思想，管理國家如果只用政令來引導，用刑罰來整頓，老百姓即使能免於犯罪也沒有羞恥之心，如果用道德來引導，用禮教來整頓，老百姓不僅有羞恥之心而且能夠誠心歸服。用道德引導，用禮教整頓，這既是孔子行政管理思想的核心，也是孔子整個管理思想的核心。

　　在行政管理方面，孔子主張以德治國，以禮治國，所以提倡施行仁政，管理者要「節用而愛人」，愛護百姓，要進行禮樂教化，先教後誅，「不教而殺謂之虐」，少用刑罰，不用殺戮，「子爲政，焉用殺」。管理者要「敬事而信」，嚴肅認真地從事治民的重任，對人民講究信用；「信則人任焉」，只有對人民誠信無欺，才能得到人民的信任；「上好信，則民莫敢不用情」，管理者誠信無欺，人民才會竭心盡力；「信以成之」，講究信用才能成功；管理者要切記「自古皆有死，民無信不立」，對人民不講信用，國家就不能鞏固。管理國家要正名，「名不正則言不順，言不順則事不成，事不成則禮樂不興，禮樂不興則刑罰不中，刑罰不中則民無所措手足」，管理者只有名分端正才能名正言順地治理好國家。

　　在經濟管理方面，孔子主張節約，「政在節財」，「道千乘之國，敬事而信，節用而愛人，使民以時」，管理國家，要節省費用；安排工程建設要躲開農忙季節，不影響農業生產；賦稅要少，「斂從其薄」；要「惠而不費」，「因民之利而利

之」，按照人民得到利益的願望而給人民好處，使人民得到好處而國家卻無所耗費（詳見「經濟思想」一節）。

在人才管理方面，孔子非常重視人才的作用。魯哀公問政，孔子回答說「政在選臣」，治理好國家的關鍵是選拔人才。所以孔子主張「舉賢才」，魯哀公問怎樣才能使人民服從，孔子說「舉直錯諸枉則民服，舉枉錯諸直則民不服」，提拔正直的人使之在不正直的人之上，人民就服從；提拔不正直的人使之在正直的人之上，人民就不服從。要選拔重用正直的人，「舉直錯諸枉，能使枉者直」，提拔重用正直的人，使之位在不正直的人之上，連不正直的人也會正直起來。弟子游擔任了武城宰以後，孔子就問他一個問題，「女得人焉耳乎」？你得到人才沒有。弟子冉雍擔任季孫氏的總管，向孔子請教如何進行管理，孔子告訴他「先有司，赦小過，舉賢才」，自己以身作則給工作人員帶頭，不計較別人的小過失，選拔優秀的人才。冉雍又問怎樣識別選拔人才，孔子說「舉爾所知。爾所不知，人其舍諸？」選拔自己所瞭解的優秀人才，自己不瞭解的人才別人也會推薦的。

孔子主張舉賢才，但深知人才難得，「舜有臣五人而天下治」，舜有五位幹練的大臣就能天下大治，孔子感嘆地說：「才難，不其然乎？」人才難得，不是這樣嗎？所以樊遲問什麼是明智時，孔子深有感觸地說「知人」，善於識別人才就是明智。對於如何識別人才，孔子提出了一套有效的原則和辦法。

孔子選拔人才的原則一是「無求備於一人」，對人才不要求全責備。他說，「君子易事而難說也。說之不以道，不說也；及其使人也，器之。小人難事而易說也。說之雖不以道，說也；及其使人也，求備焉」，在君子手下做事很容易，因為他按照人的才能去分配任務，但討他喜歡很難，因為用不合乎道義的方法去討他喜歡他是不會喜歡的，小人恰恰相反，在他手下做事很難，他用人求全責備。

⊙ 舜像

古代的聖明帝王，選用幹練的人才使國家大治。

人無完人，金無足赤，看人要向前看，「後生可畏，焉知來者之不如今也」，孔子是看重年輕人的；看人要看大節，弟子子夏說「大德不逾閑，小德出入可也」，人的大節不能越出界限，小節有點出入是可以的，對人不能苛求。二是「不以言舉人，不以人廢言」，不能因一個人一句好話而提拔他，也不能因一個人有錯誤而廢棄他好的建議。對那些花言巧語、面容偽善的人要警惕，「巧言令色，鮮矣仁」，這種人是很少有好的品德的。

選拔人才首先要進行考察，考察的辦法一是「聽其言觀其行」。他說「始吾於人也，聽其言而信其行；今吾於人也，聽其言而觀其行」，他的這個辦法是在宰予白天睡覺後得出的，考察一個人不僅要聽他如何說還要看他如何做，看他是不是言行一致。二是進行認真仔細的考察，「視其所以，觀其所由，察其所安，人焉廋哉！人焉廋哉！」瞭解一個人要看他的所作所為，觀察他的由來始末，考察他的心之所安，他是什麼也隱藏不住的。三是考察要從大處進行。孔子說：「君子不可小知而可大受也，小人不可大受而可小知也」，君子可以擔當重任，所以不要從小處去考察他。四是不要被社會輿論所左右。弟子子貢問一個人被滿鄉的人都喜歡怎麼樣，孔子認為不行，被滿鄉的人都厭惡怎麼樣，孔子認為也不行，被鄉里的好人所喜歡、壞人所厭惡的人才是好人。孔子說「眾惡之，必察焉；眾好之，必察焉」，對大家都厭惡的人一定要仔細考察，對大家都喜歡的人也一定要仔細考察，只有這樣才能發現真正的人才。

在軍事管理方面，孔子主張加強戰備，足兵足食，教育人民習武備戰；軍事權力高度集中，由天子決定出兵作戰；作戰要講究戰略戰術；反對侵略戰爭，用禮樂教化征服他人（詳見「軍事思想」）。

孔子的管理思想所希望達到的最高境界是「無為而治」，「無為而治者其舜也與？夫何為哉？恭己正南面而已矣」，讚頌舜能自己端坐朝堂而使天下太平。其實，舜時的天下並非不需要治理，「舜有臣五人而天下治」，是任用了五位得力的官員不需要舜親自去處理國政。孔子的無為而治是與道家的無為而治有很大不同的，道家的無為而治是順應自然，不求有所作為而使國家得到治理，孔子的無為而治是最高統治者通過任賢使能、以德化民而使國家大治，最高統治者無為而治，其實國家還是有為而治。

史學思想

　　正如《漢書‧藝文志》所說，「古之王者，世有史官，君舉必書，所以慎言行，昭法式也。左史記言，右史記事」，自文字發明以來，中國就有了記載歷史的傳統。《尚書‧多士》說，「惟殷先人，有冊有典」，三千多年前的商朝就有了文獻典冊，以後歷代均設有主管歷史的史官，也積累了眾多的歷史資料。但是，早期的中國史官主要對歷史事實進行簡單的記載，雖然也有一些史官善於分析形勢，並能對歷史趨勢進行判斷，但總的來看，對歷史現象所反映的歷史規律還缺乏必要的探索。在古代史學的初始階段，雖然已經有了秉筆直書的傳統，但作為史學思想還尚未形成。孔子則不然，他通過歷史事件的考察能探索出歷史的規律。他說：「天下有道，則禮樂征伐自天子出；天下無道，則禮樂征伐自諸侯出。自諸侯出，蓋十世希不失矣；自大夫出，五世希不失矣；陪臣執國命，三世希不失矣」，權力中心越往下移，掌權者的壽命就越短，這是孔子對他那個時代及其以前歷史考察後得出的正確的結論。所以說，自孔子開始，中國史學思想開始了大發展。

　　孔子的史學思想注重道德倫理。中國古代史官記事直書，注重記事準確，很少對事情進行評價。孔子則不同，他記述歷史非常重視進行政治的、道德的倫理的評價，雖然孔子高度評價古代史官秉筆直書的傳統，但他在著書時卻並不信守這個傳統，而是「筆則筆，削則削」，把自己的思想觀點滲透到史書的字裏行間。孔子根據魯國史書作《春秋》就充分顯示了這一點，如「吳楚之君自稱王，而《春秋》貶之曰『子』，踐土之會實召周天子，而《春秋》諱之曰『天王狩於河陽』」（《史記‧孔子世家》），以一字寓褒貶，顯示「微言大義」，後世經學家認為《春秋》每用一字必寓褒貶，稱之為「春秋筆」、「春秋筆法」。孟子說「王者之跡熄而《詩》亡，《詩》亡然後《春秋》作。晉之《乘》，楚之《檮杌》，魯之《春秋》，一也；其事則齊桓、晉文，其文則史。孔子曰：『其義則丘竊取之矣』」（《孟子‧離婁下》），古代採集民間詩歌的傳統廢止以後《詩》也就沒有了，孔子於是作《春秋》。晉國的史書《乘》，楚國的史書《檮杌》，魯國的史書《春秋》都是一樣的，所記載的不過是齊桓公、晉文公一類的事情，行文筆法不過一般史書的筆法。孔子說，他著《春秋》就不一樣，

⊙ 孔子作春秋處
舊址在曲阜息陬村內。

借用了《詩經》褒善貶惡的大義。孟子評價孔子作《春秋》
說：「世衰道微，邪說暴行有作，臣弒其君者有之，子弒其
父者有之，孔子懼，作《春秋》。《春秋》，天子之事也。
是故孔子曰：『知我者其惟《春秋》乎！罪我者其惟《春
秋》乎！』」孔子對社會失序、倫理淪喪感到害怕，所以編
寫了《春秋》這部書。褒善貶惡本來是天子的職責，孔子不
得已編寫《春秋》，所以他說「瞭解我的人大概就在於《春
秋》吧！責罵我的人大概也在《春秋》吧！」孟子高度評價
孔子作《春秋》，「孔子作《春秋》而亂臣賊子懼」（《孟
子·滕文公下》），孔子寫出《春秋》後，叛亂的臣子和不
孝的兒子都感到害怕。孔子編纂史書具有明確的社會目的，
而且也確實發揮了預期的社會作用。

　　孔子將歷史的繼承性和發展性有機統一，提出了「因、
損、益」結合的歷史觀。弟子子張問「十世可知也」時，孔

子回答說：「殷因於夏禮，所損益可知也；周因於殷禮，所損益可知也。其或繼周者，雖百世可知也」（〈爲政〉），殷朝沿襲了夏朝的制度，周朝沿襲了殷朝的制度，他們廢除和增加的都是可以知道的，以後有繼承周朝建國的，就是一百代以後也是可以預先推知它的制度的。通過分析歷史上的因、損、益就能把握將來的制度。

治史要慎重是孔子史學思想的一個重要特點。他說「吾猶及史之闕文也，……今亡矣夫」（〈衛靈公〉），讚揚古代史書保留缺字的傳統，對歷史要慎重，缺失了的字寧願空著也不要隨便去補。對歷史，孔子採取非常慎重的態度，在《論語》中，孔子只談堯舜時代和堯舜以後的事情，堯舜以前的歷史絲毫未涉及，因爲堯舜以前的史料非常少，所以孔子避而不談。對歷史的研究孔子也非常慎重，他說：「夏禮，吾能言之，杞不足徵也；殷禮，吾能言之，宋不足徵也；文獻不足故也。足，則吾

◉ 洙泗書院　孔子晚年整理古代文獻的地方，在曲阜城北五公里處。

能徵之」（〈八佾〉）。夏代的禮我能說出來，它的後裔杞
國不能足以作證；商代的禮我能說出來，它的後裔宋國不能
足以作證；這是因為兩國文獻不足的緣故。如果有足夠的文
獻，我就能夠引來作證。歷史的研究要以文獻為依據。

　　孔子雖然對歷史採取「筆則筆，削則削」的態度，但只
是在需要表現自己的政治觀點的時候偶爾採用，總的看來，
孔子還是贊成秉筆直書的傳統。晉靈公做事不合君道，橫徵
暴斂，隨意彈打百姓，廚師烹治熊掌不熟就被殺死，臣子勸
諫不聽，陰謀殺害大臣趙盾，結果被臣子趙穿殺死，趙盾
準備逃亡國外，沒到邊境就返回來，重新執政。晉國史官董
狐記載說「趙盾弒其君」，並宣示於朝。趙盾不同意，董狐
說「您是正卿，逃亡沒有走出國境，回來後又不討伐殺死國
君的人，殺死國君的不是您還是誰？」趙盾覺得董狐的話有
道理。孔子評價說：「董狐，古之良史也，書法不隱。趙宣
子，古之良大夫也，為法受惡。惜乎！越竟乃免。」讚揚董
狐是好史官，依法直書其事而不加隱諱。趙盾太可惜了，如
果逃亡出了國境就可以不背殺君的罪名了。孔子曾說「辭達
而已矣」（〈衛靈公〉），文字只要能表達意思就行了，又
說「言之無文，行而不遠」（《左傳・襄公二十五年》），
言語沒有文采是不能傳到遠方的，兩者似乎是矛盾的。但是
從他的「質勝文則野，文勝質則史」、「文質彬彬，然後君
子」來看，孔子是主張文采樸實要搭配得當，因為樸實超過
文采就顯得粗野，文采超過樸實就顯得虛浮。

軍事思想

《論語》和《史記》都記載，衛靈公問孔子如何排兵布陣，孔子說「俎豆之事則嘗聞之矣，軍旅之事未之學也」，禮儀的事情曾經聽到過，軍隊的事情從來沒有學過，其實這是孔子不願回答衛靈公

◉ 冉求像（前522年-？）

孔子弟子，多才高藝，以從政能力著稱。

的遁詞，孔子並不是不懂軍事。孔子所教弟子的六藝中的射、御都屬於軍事，射是射箭，御是駕馭馬車，在孔子生活的年代，馬車是重要的作戰工具。文獻中雖然沒有孔子直接進行軍事內容教育的記載，但《左傳》記載了弟子冉求在成功打退齊國入侵後將自己建立軍功歸功於孔子的教育。哀公十一年，齊國入侵，季康子問如何抵擋，冉求建議季孫、叔孫、孟孫三家一家守國，兩家禦敵於國境，季康子認為不能，冉求建議在郊外抵抗，孟孫氏、叔孫氏也不同意，冉求建議季孫氏一家背城而戰，季孫一家的兵車就比齊國來犯的軍隊多，不用擔心戰敗，而且大敵當前，不隨你作戰的就不是魯國人。季孫執政，叔孫氏、孟孫氏當然不願出兵，而季康子不出

戰就沒臉面對諸侯。季康子上朝，讓冉求在外等候，叔孫武叔把冉求叫過去諮詢作戰的問題，冉求回答說「君子們有長遠的考慮，小人知道什麼」，孟懿子一定要他回答，冉求說「小人考慮了自己的才幹才說話，根據自己的能力來效力」，叔孫武叔明白了，他說「你是說我不是大丈夫」，回去就檢閱軍隊，準備抵抗齊國的入侵。季康子命冉求率領左軍，孔子的另一個弟子樊遲作他的車右，季康子認為樊遲太小，冉求卻認為樊遲能夠完成任務。開戰後，魯國軍隊不敢過溝與齊軍交戰，樊遲對冉求說：「軍隊不是不能過溝，是不相信你，請你三申號令帶頭過溝。」冉求首先過溝，大軍隨之過溝攻擊齊軍。交戰後，孟孫氏的右軍不堪一擊，在右翼敗退的情況下，冉求親自持矛作戰，帶領左軍打敗了齊軍。事後，季康子問冉求是學會打仗的還是生來就會，冉求說是跟孔子學的。這說明，孔子是教弟子們學習過軍事的。

孔子不僅懂得軍事戰術，而且懂得軍政大計。子貢問政，孔子說：「足食，足兵，民信之矣」，將糧食充足、軍備充足當作國家大計。孔子

注重文武兩手結合，主張「有文事者必有武備，有武事者必有文備」，齊魯國君夾谷相會，正是因為孔子的建議，魯國設置左右司馬，預先準備了軍隊，才挫敗了齊國一個又一個陰謀，取得了外交上的勝利。孔子主張加強戰備，教民習武備戰，「善人教民七年，亦可以即戎矣」，人民經過七年的教育就能作戰了，反對不進行戰爭訓練就讓人民去作戰，「以不教民戰，是謂棄之」（〈子路〉），用沒有經過訓練的人去作戰，那就是讓人去送死。孔子主張軍權集中，「天下有道，則禮樂征伐自天子出；天下無道，則禮樂征伐自諸侯出」，出兵打仗由天子決定就是天下有

⊙ 靈公問陣圖
衛靈公問如何排陣打仗，孔子以沒有學過拒絕回答。

道，諸侯相互攻打就是天下無道，就造成了社會的動亂，給人民帶來痛苦。孔子提倡講究謀略戰術，子路問孔子：「子行三軍，則誰與？」您統率三軍，找誰共事？孔子說：「暴虎憑河，死而無悔者，吾不與也。必也臨事而懼，好謀而成者也」，不會去找那種赤手空拳和老虎搏鬥，不用船隻就過河，死了都不後悔的人，一定去找面臨任務便謹慎恐懼，善於運用謀略去成功的人。孔子對戰爭持謹慎的態度，「子之所慎：齋，戰，疾」。孔子主張和平，反對侵略戰爭，季氏準備攻打顓臾，孔子強烈反對，不能「謀動干戈於邦內」，在自己國家內進行戰爭，「遠人不服，則修文德以來之」，遠方的人沒有歸服，要用禮樂教化招徠他們，不能用戰爭來征服。

⊙ 夾谷會齊
齊魯相會，孔子文事而有武備，才取得了外交上的勝利。

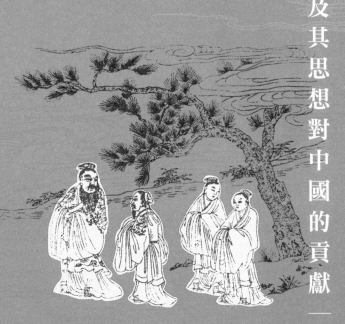

孔子及其思想對中國的貢獻

Illustrated Life of Confucius .

《孔子的貢獻》
《孔子思想在中國歷史上的積極作用》

孔子及其思想對中國的貢獻

　　孔子自幼潛心向學，學無常師，不恥下問，學而不厭，總結了一套系統的學習方法；他首創私學，有教無類，一生從事教育事業，積累了豐富的教育經驗，創造了科學的教育方法和教育方式，創立了完整的教育理論；他刪詩書、訂禮樂，繫周易，整理了眾多的古代文獻，為古代文化的保存與傳承作出了重要貢獻；而對爭戰不已的社會現實，他痛心疾首，勤於思考，善於思考，提出一整套恢復社會秩序、重建和諧社會的主張、方法。從漢武帝罷黜百家、獨尊儒術以來，孔子思想成為中國封建社會的指導思想，推動了社會的進步，促進了多民族國家的形成和發展，為中華民族的思想、文化、經濟等方面的發展作出了重大貢獻。

孔子的貢獻

　　孔子及其思想對中華民族的貢獻是多方面的，當然他最大的貢獻就是創立了以仁為核心的儒家思想，其次應該是整理古代文獻和首創私學。

◉ 刪述六經圖

孔子晚年整理了古代文獻。

整理古代文獻

　　中國是一個具有悠久歷史和眾多文獻的國家，但到春秋時期，禮崩樂壞，歷史文獻受到破壞，大多散失，孔子開始創辦私學時就已經發覺了這個問題，有感於教材不足，就對古代文獻進行整理，編纂教材。周遊列國期間，孔子也曾進行古代文獻的整理工作，歸來後集中精力，對古代文獻進行了全面系統的整理，後人將他整理古代文獻的工作

稱之爲刪《詩》《書》，訂《禮》《樂》，繫《周易》，作《春秋》。

《詩》原來是人們在勞動中口頭創作的民歌，古代官方有專門蒐集民歌的官員，目的是通過民歌瞭解民俗和從政的得失。民歌本來就是歌、舞、樂三位一體的藝術表演形式，官方蒐集後除了上述的考察政治得失功用外，還將它整理後作爲宮廷、貴族演出的內容。中國是詩的國度，從遠古時期就產生了大量的民歌，而且民歌不斷產生，不斷被官方蒐集，當然官方對民歌也要進行整理，一些被淘汰了，一些被保存了下來，不斷積累就形成了《詩》，它的數量應該是很大的。據司馬遷說，「古者詩三千餘篇，及至孔子，去其重，取可施於禮義。上采契、后稷，中述殷周之盛，至幽厲之缺。始於衽席，故曰『〈關雎〉之亂爲風始，〈鹿鳴〉爲小雅始，〈文王〉爲大雅始，〈清廟〉爲頌始』。三百五篇孔子皆弦歌之，以求合『韶』、『武』、『雅』、『頌』之音。禮樂自此可得而述，已備王道，成六藝」，孔子對原來官方保存的三千多首詩歌進行整理，以有利於禮義教化爲標準進行取捨，將流傳下來的《詩》刪減至三〇五首，而且全部配樂演唱。

孔子非常重視《詩》，一方面是因爲《詩》除用於演出外，還用於祭祀、朝會、典禮、宴饗等重大活動，是言志、應酬的工具，賦詩成

◉ 過庭詩禮

孔子非常重視詩和禮，教育兒子孔鯉「不學詩，無以言；不學禮，無以立」。

為社交、外交活動的時尚，尤其是在諸侯會盟或聘問時往往以詩明志，藉以表達各自的思想意圖，所以孔子教育兒子孔鯉說「不學《詩》，無以言」。二是孔子把《詩》當成修養道德、陶冶情操、齊家治國的重要手段。孔子教育弟子說：「小子何莫學夫《詩》？《詩》可以興，可以觀，可以群，可以怨；邇之事父，遠之事君；多識於鳥獸草木之名」（《論語‧陽貨》），《詩》不僅可以激發人的意志，抒發人的情感，觀察風俗民情、自然風物等，還可以更深切地瞭解人，諷刺不合理的社會現象，批評時政，甚至還可以用來敬奉父母，侍奉君主，認識自然界中的鳥獸草木。

經孔子整理過的《詩》，後人稱之為《詩經》，分為三部分：一是國風，收錄周南、召南、邶、鄘、衛、王、鄭、齊、魏、唐、秦、陳、鄶、曹、豳十五個國家的民歌，有詩一六〇篇，主要來自民間，反映了當時的風俗民情，是周代

◉ 洙泗書院大門

孔子整理文獻處，在曲阜城北。

前中期的民歌；二是雅，分為小雅和大雅兩部分，有詩一〇五篇，主要是西周時期公卿大夫的獻詩，內容多是議論政治得失，「言王政之所由廢興也」；三是頌，分為周頌、魯頌和商頌三部分，是西周、宋國（商天子後裔封國）、魯國宗廟祭祀樂歌，共四十首。《詩經》經過孔子有目的的整理，注入了孔子的政治理念，成為儒家的重要經典，「正得失，動天地，感鬼神，莫近於《詩》」，通過《詩經》可以瞭解政治的得失，「治世之音安以樂，其政和；亂世之音怨以怒，其政乖；亡國之音哀以思，其民困」，使用《詩經》可以用於諷諭、規諫君主，改善政治，可以祭祀神祇、祖先，得到保佑。經孔子整理和提倡，《詩》成為「六經」之一並留傳下來，使我們能從中瞭解兩千多年前的社會面貌、風俗人情、政治生活以至青年男女愛怨等，進而感受文學和藝術的薰陶。

《書》又稱《尚書》，「尚」就是「上」，《尚書》就是上古之書，遠古之書，是周代以前歷史文獻和部分追述古代事蹟著作的彙編。司馬遷《史記‧孔子世家》說「孔子之時，周室微而《禮》《樂》廢，《詩》《書》缺，追跡三代之禮，序《書傳》，上紀唐虞之際，下至秦繆，編

次其事」，孔子以前就有稱為《書》的古代文獻流傳，孔子在這些歷史文獻的基礎上編纂了《尚書》。《尚書》漢代時有兩個版本，一是今文尚書，一是古文尚書。秦始皇焚書坑儒時，博士伏生將《尚書》藏在牆內，漢文帝時訪求遺書，伏生從牆內取出時已經毀掉了一部分，只剩下二十九篇，由晁錯用當時的文字隸書抄寫，被稱為「今文尚書」。古文尚書也是在秦始皇焚書坑儒時所藏，由孔子九代孫孔鮒藏在孔子故居的牆內，因孔鮒南下投奔陳勝農民起義軍，客死南方，到漢武帝時魯恭王拆除孔子故居才發現，因是由古代的篆書所書寫，所以被稱作古文尚書。《古文尚書》後來失傳，現在流行的《十三經注疏》本《尚書》是由《今文尚書》和偽《古文尚書》拼合而成的。

《尚書》相傳有一百篇，按照時代順序分為〈虞書〉、〈夏書〉、〈商書〉和〈周書〉四部分。〈虞書〉有五篇，但在現存本中，〈舜典〉是從〈堯典〉中分出的，記載了堯舜的事蹟，〈益稷〉是從〈皋陶〉中分出的，記載了皋陶和舜、禹的一些謀議以及大禹治水的方法和事蹟，〈大禹謨〉出自偽《古文尚書》。〈夏書〉有〈禹貢〉、〈甘誓〉、〈五子之歌〉、〈胤征〉四篇，但後

圖說孔子

⊙ 魯壁　孔鮒藏書處，在曲阜孔廟內，明代刻碑紀念。

二篇出自偽《古文尚書》。〈禹貢〉記載了地理區劃分和風土物產，是古代重要的地理學文獻，〈甘誓〉是夏代君主討伐有扈氏的誓師之詞，表達了夏代的天命思想。〈商書〉有十七篇，但除〈湯誓〉、〈盤庚〉上中下、〈高宗肜日〉、〈西伯戡黎〉、〈微子〉七篇外均出自偽《古文尚書》，記載商代史實。〈周書〉三十二篇，但〈泰誓〉以下十三篇為偽書，記載周代史實。《尚書》中的文體有典、謨、誓、誥等。典是載於長大簡冊上的記事，謨是記載謀劃之事的文章，誓是誓師之詞，誥是告示、告誡之詞。

　　《尚書》最重要的思想是敬德保民和以德配天，不能依賴祭祀的頻繁和祭品的豐盛來祈求上帝鬼神的保佑，只有良好的德行才能得到上帝鬼神的保佑和賜福。這種思想是商周之際宗教思想的重大轉變，奠定了儒家重人事的思想基礎。

　　禮的本意就是祭祀的禮儀，是在原始社會人們的日常生

活產生的一些風俗習慣，到商代時逐漸發展爲規範人們祭祀等行爲的準則。周公在殷商之禮的基礎上，結合本族的風俗習慣，制禮作樂，制定了周禮，將禮從宗教領域擴大到社會政治領域。周禮是社會秩序的基礎和核心，以此劃定名分，明確貴賤，分辨等級，所有的人和一切的行爲都必須遵循禮的規範和準則。但到春秋時期，政治上禮崩樂壞，有關周禮的資料因不被重視也已散失不全，孔子最推崇周禮，「周監於二代，郁郁乎文哉，吾從周」（〈八佾〉），決心恢復西周的社會秩序，需要周禮作爲根據，就對周禮進行了全面的整理。

現存的禮書有《周禮》、《儀禮》、《禮記》三種，是經過東漢鄭玄融合今文、古文兩派之後定型的，孔子整理過其中的哪一些目前還有爭論。《周禮》主要講述官職建制，所以本名《周官》或《周官經》，西漢時列爲經書，稱爲《周禮》，有人說是周公所作，有人說是僞書，過去學者一般認爲是戰國間所作，近代學者有的認爲成書於東周初年，孔子進行整理的可能性不大。《儀禮》主要講述各種典禮儀節，漢代時稱爲《禮》或《士禮》，大約到晉代才稱作《儀禮》。漢代時有高堂生所傳的今文本和孔子故宅魯壁所出的古文本，今文本十七篇，古文本五十六篇，今文本與古文本相比大致相同，但現

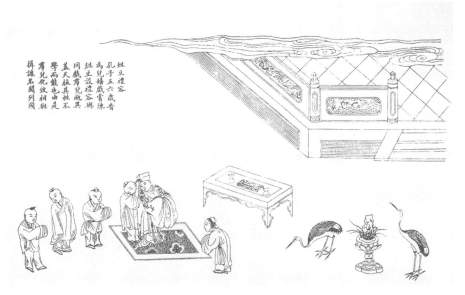

俎豆禮容　孔子兒五六歲嘗爲兒嬉戲常陳俎豆設禮容與同戲齊兒遊其性不同蓋兩能也由是學齊兒効相與齊兒化相與撮誘名聞列國

◉ 俎豆禮容　孔子自幼就喜歡演習禮儀。

在傳世的只有十七篇。《儀禮》的作者，古文經學者認為是周公，今文經學者認為是孔子，現代學者一般認為周公所作是不可能的，《論語》中孔子有關禮儀的論述多與《儀禮》相合，孔子是完全有可能進行過整理。《禮記》主要講述禮的性質、作用和意義，司馬遷說「故《書傳》、《禮記》自孔氏」，認為孔子曾作《禮記》。但《漢書・藝文志》說，禮「記百三十一篇，七十子後學者所記也」，《隋書・經籍志》認為，「漢初，河間獻王得仲尼弟子所記一百三十一篇，至劉向校經籍，檢得一百三十篇，因第而敘之。又得〈明堂陰陽記〉等五種，共二百一十四篇。戴德刪其繁重，合而記之，為八十五篇，謂之《大戴記》。戴聖又刪大戴之書，為四十六篇，謂之《小戴記》」。近代學者認為，《禮記》並非出自一人之手，而是眾多學者的合集，其中〈中庸〉、〈坊記〉、〈表記〉、〈緇衣〉為孔子之孫子思所作。書中收有孔子言行和弟子及時人雜事，當是出自孔子及其弟子、後學之手。

《樂經》久已不傳，有人認為毀於秦始皇的焚書坑儒，有人認為根本就沒有《樂經》一書，清代學者邵懿辰就說「樂之原在《詩》三百篇之中，樂之用在《禮》十七篇之中」（《禮經通論》），否定《樂經》的存在，其實這種觀點是不準確的。古代音樂與詩歌、舞蹈密不可分，國家有民間采風蒐集民歌的制度，蒐集的民歌應該有專門的機構整理保存，而保存民歌的同時應該也保存音樂。夏代和商代的制度不詳，但周代是設置了專門主管樂舞機構的，同時還組織了專門的樂隊。既然有音樂，就應該有記錄音樂的文字資料，如果沒有音樂的文字資料，我們難以想像春秋時期魯國還能演奏夏、商、周三代的歌舞。《左傳》記載，襄公二十九年（前544年），吳國公子季札出使魯國，請觀周樂，魯國樂工為他演唱了《詩經》中的國風、大小雅和頌，表演了舜時的舞蹈〈韶箾〉，大禹時的舞蹈〈大夏〉，商湯

作猗蘭操　孔子在山谷中見到蘭草，有感於蘭草淪落到與雜草為伍，作琴曲〈猗蘭操〉。

時的舞蹈〈韶濩〉，周文王時的舞蹈〈象箭〉、〈南龠〉，武王時的舞蹈〈大武〉。孔子「在齊聞〈韶〉，三月不知肉味」，可見〈韶箭〉是有音樂伴奏的。舜時的舞蹈至此次演奏已有一千四百多年的歷史，最晚的武王舞蹈也有近五百年的歷史，如此悠久歷史的舞蹈音樂不可能只憑舞工、樂工的口授相傳而能歷經動亂保存下來的。況且孔子自述說「吾自衛反魯，然後樂正，『雅』、『頌』各得其所」（〈子罕〉），孔子周遊列國歸來後正樂，正的不可能是音樂歌舞，因為那是樂官的職責，孔子正樂只能是進行文字的工作，也就是音樂文字

資料的整理。孔子善於學習音樂，他學琴師襄，訪樂萇弘，與別人唱歌時，人家唱得好，他就一定請人家再唱一遍，然後自己跟著學。孔子具有很高的音樂理論水準，他告訴魯國的樂官太師說，「樂曲的演奏過程是可知的，開始時翕翕熱烈，接下去是純一和諧，清晰明亮，連綿不絕，最後就這樣完成了」。孔子具有非常高的音樂藝術鑒賞水準，評價〈關雎〉是「快樂而不放蕩，悲哀而不傷痛」，評價〈韶箭〉是「盡善盡美」，〈大武〉是「盡美而不盡善」（〈八佾〉），聽魯國樂師摯演奏音樂，「從升歌開始，到〈關雎〉合

樂結束，盛美的樂聲充滿耳朵」（〈泰伯〉），在齊國聽到〈韶〉，三個月都吃不出肉的香味來，自己感歎地說，「沒有想到音樂之美能到如此境界」（〈述而〉）。孔子具有很高的音樂創造能力，他曾經創作琴曲，現存的琴曲〈猗蘭操〉據說就是出自孔子之手。孔子非常重視音樂的教化功能，他說「《詩》使人興起，《禮》使人立身，《樂》使人完美」（〈泰伯〉）。具有很高音樂修養的孔子「以詩書禮樂教」，弟子三千，樂教不僅教學生學習音樂的一些基本知識，而且還應包括音樂理論和音樂審美、鑒賞等方面的知識，不可能沒有音樂的教材，孔子有可能參考既有音樂文獻編寫了音樂教材。孔子說「吾自衛返魯，然後樂正」，可能是周遊列國以前的教材比較簡單，自衛返魯後對樂書進行了加工和提高。如果沒有樂書，我們難以相信，樂既然被列爲六經之一，其他五經都有書籍，而獨獨樂經散存在其他五經之中，沒有專門成書。我們不能以《樂經》的今已不存就否定它的曾經存在。

《易》原本是古代占卜的書。古人出於對自然現象的不瞭解，認爲冥冥之中有神靈在主宰著一切，人民無力改變自然，無力主宰自己的命運，但卻希望趨吉避凶，於是就把希望寄託於神靈，想通過神靈的啓示來決定自己的行動，這就產生了占卜。早在原始社會時期占卜之風就已盛行，進入封建社會以後又產生了以占卜爲業的筮者和卜人。筮者和卜人在占卜過程中逐漸積累了豐富的占卜資料，並將占卜資料歸納總結以便以後借鑒參考，占卜的書也就出現了。據說伏羲時（有人說是夏代）就有了占卜專著《連山》，黃帝時（有人說是商代）出現了占卜專著《歸藏》，周朝時又產生了《周易》。孔子時，《連山》、《歸藏》均已失傳，只有《周易》還在流傳。《周易》有經、傳兩部分，傳統的說法是，伏羲創作八卦，文王演爲六十四卦，創作了卦爻辭，孔子創作了十翼，也就是〈易傳〉，但這種說法爭論了兩千多

年，至今尚無定論。從宋代歐陽修開始對孔子作十翼提出質疑，認為十翼「皆非孔子所作，……亦非一人之言」，近世學者一般認為卦爻辭作於商周之際，十翼作於戰國末年，而且不是一人所作，並非出自孔子之手。

孔子作〈易傳〉的說法最早見於司馬遷的《史記》。司馬遷說：「孔子晚而喜《易》，序〈彖〉、〈繫〉、〈象〉、〈說卦〉、〈文言〉」（《史記·孔子世家》），又說：「孔子傳《易》於瞿，瞿傳楚人駻臂子弘，弘傳江東人矯子庸疵，疵傳燕人周子家豎，豎傳諄於人光子乘羽，羽傳齊人田子莊何，何傳東武人王子中同，同傳菑川人楊何。何元朔中以治《易》為漢中大夫」（《史記·仲尼弟子列傳》），孔子不僅作過〈易傳〉，而且還傳授給弟子商瞿，商瞿以後弟子師承有序，至司馬遷時師承關係仍歷歷可數。司馬遷（前145—前86）上距孔子僅三百餘年，他的話應該是可信的，如此傳承有序不可能是毫無根據的杜撰，恐怕也不是某幾個人的幾句話就可以否定得了的。

孔子確實是研究過《周易》的，《論語》記載，孔子自己曾說：「加我數年，五十以學《易》，可以無大過矣」（〈述而〉），讓我多活幾年，五十歲後去學習《易經》，可以不會有大的錯誤了。孔子學習《易經》非常認真刻苦，司馬遷說「孔子晚而喜《易》」，「讀《易》，韋編三絕」，連穿編《易經》竹簡的牛皮條都翻斷了多次。從孔子的自述和司馬遷的記載看，孔子研究《易經》的時間可能比較晚，但是，孔子憑著執著的態度是能夠很快就學有所得的，1973年在湖南長沙馬王堆出土的帛書《周易》卷後所附的佚書〈要〉等兩篇記錄了孔子與弟子研討《易》理的問答就能說明了這一點。綜合上述歷史記載和新出土的歷史資料看，孔子應該是為《易經》作過傳的，當然不一定是全部的十翼。

《春秋》是我國第一部編年史，記載了魯隱公元年（前722年）至魯哀公十四年（前481年）間二四二年的歷史，因此這段歷史也被稱作春秋時期。關於《春秋》的作者，孟子首先說是孔子。《孟子·滕文公下》說：「世道衰微，邪說暴行有作，臣弒其君者有之，子弒其父者有之。孔子懼，作《春秋》。《春秋》者，天子之事也。是故孔子曰：『知我者，其惟《春秋》乎？罪我者，其惟《春秋》乎？』」其後司馬遷也說：「子曰：『吾道不行矣，吾何以自見於後世哉？』乃因史記作《春秋》，上

韋編三絕

孔子自衞反魯居於
不能用勝而喜為序
彖象說卦文言讀
易之勤韋編至於三
絕回做我數年以學
易可以無大過矣

⊙ 韋編三絕

孔子專心研究《易
經》，以致將串連竹
簡的皮繩都翻斷了多
次。

至隱公，下訖哀公十四年，十二公。據魯，親周，故殷，運之三代，約其文辭而指博。故吳楚之君自稱王而《春秋》貶之曰『子』；踐土之會實召周天子而《春秋》諱之曰『天王狩於河陽』；推此類以繩當世。貶損之義，後有王者舉而開之。《春秋》之義行，則天下亂臣賊子懼焉。」（《史記・孔子世家》）孔子憤激於春秋時期的禮崩樂壞，痛心於無力扭轉，以孔子的性格，以筆代刀，編著《春秋》以撥亂反正是完全有可能的。而孟子（約西元前372—前289）距孔子僅一百多年，又曾受業於孔子的孫子子思的門徒，《春秋》世有傳書，作為名聞於當世的大學者，孟子絕不會憑空編造，所說應是言有所據的。孔子作《春秋》應該是毫無疑問的。近代疑古盛行，否定《春秋》為孔子所作。所持理由一是《春秋》記事簡略，貶其為「斷爛朝報」，「流水帳簿」；二是《論語》沒有記載；三是《春秋》就是魯國「史記」的原本。其實，記事簡略正是《春秋》作為早期歷史著作的必然特點，同樣，《世本》、《竹書紀年》也都具有相同的特點。《論語》雖然沒有孔子編著《春秋》的記載，但《論

語》並非孔子的年譜，其他史籍的孔子生平《論語》也沒有記載，如果一切均以《論語》的記載爲據，那麼連孔子的生平都無法認定了。魯國是有「史記」，但史官的職責是隨時記載，二四二年間的記載文獻絕對不可能只有區區的一萬六千五百多字。否定孔子作《春秋》的依據是難以成立的。

首創私學

中國古代學在官府，由國家舉辦學校，教育的對象當然只有貴族子弟，平民和奴隸是沒有接受教育的資格的。孔子首創私學，打破了學在官府的傳統，將教育擴大到民間，他招收弟子並不講究出身，「自行束脩以上，吾未嘗無誨焉」，只要能拿出一捆兒乾肉作拜師的禮物就可以。所以孔子的學生特別複雜，有貴族大夫孟懿子、南宮敬叔，貴族子弟司馬牛，士子弟澹台滅明，平民顏回父子、曾參父子；野人子路，賤民冉伯牛、冉求，出身貧寒的閔子騫、原憲，家庭富有的公西赤，出身鄙家的顓孫師，富有商人子貢，蹲過監獄的公冶長等等。

孔子一生從事教育，他的教育生涯可以分爲四個時期。

第一個時期是孔子教育的開創

◉ 步遊洙泗　孔子講學主要是在室外，魯國都城附近的洙水、泗水之間是主要的活動區域。

期，在三十七歲以前。有確切時間的收徒是昭公二十四年
（前518年），這年魯國執政大夫之一司空孟僖子病重，臨死
前召集大夫們說：我聽說有個將要通達的人叫孔丘，他是聖
人的後代，他的祖先是宋國人，弗父何讓國於弟弟厲公，正
考父輔佐戴、武、宣三代國君，謙恭儉樸。聖人不做國君，
他的後代必然有智慧通達的人，這個人也許就是孔丘吧，我
死後一定要讓兩個兒子去師事孔子學習禮儀。孟僖子是在魯
襄公二十九年（前542年）接替孟孝伯擔任司空的，昭公四年
（前535年）輔助國君出使楚國，途經鄭國時，鄭簡公慰勞昭
公，孟僖子不懂禮儀，不能擔任司儀，到了楚國，也不能答
謝楚國郊外慰勞之禮。孟僖子深以為恥，回國後下決心學習
禮儀，誰懂得禮儀他就向誰學習。他不想讓兒子重蹈自己的
覆轍，所以臨死時遺言讓兩個兒子去拜孔子為師學習禮儀。
孟僖子死後，孟懿子和弟弟南宮敬叔就謹遵父命一併去拜孔
子為師。這個時期的弟子還有顏路和子路等人。顏路是顏回
的父親，他比孔子只小六歲，而子路也僅比孔子小九歲。

◉ 杏壇講學　石可 作。
　《莊子》記載，孔子曾
在植有杏樹的土臺上進
行講學。

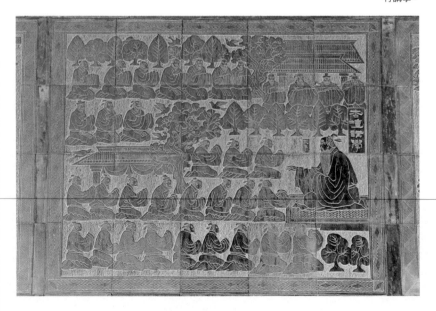

執政大夫勢力，強化國君權威，很快便受到執政大夫的反對，不得不離開父母之邦，開始了長達十四年的周遊列國。孔子滿懷希望上路，到處宣傳自己仁政德治的政治主張，尋求推行自己主張、實現自己抱負的機會，雖然到處碰壁，但他毫不氣餒，一邊宣傳自己的主張，一邊繼續進行教育

　　第二個時期是孔子教育的興盛期，時間在三十七歲到五十五歲之間，也就是孔子周遊列國以前。春秋時期，原有的社會秩序被打亂，禮崩樂壞，權力下移，陪臣而執國命，魯國也是大夫執政，家臣掌權，孔子看不慣這種局面，不願同流合污，集中精力從事教育，教育思想、教育方法日益成熟。孔子做官後，聲名大起，附近各國的青年也紛紛慕名前來拜師求學，弟子越來越多，規模越來越大，弟子遍及諸侯各國，著名弟子顏回、閔子騫、冉求、子貢、冉雍等人大約都是這期間投入孔子門下的。

　　第三個時期是孔子教育的發展期，時間是在孔子五十五歲到六十八歲之間，也就是孔子周遊列國期間。孔子在魯國雖然官至大司寇，成為魯國的重臣，但是他要恢復周禮，削弱

◎ 在陳絕糧
周遊列國期間，孔子仍從事教育活動。

事業，著名弟子顏回、子貢、子路一路追隨，沿途還招收了不少當地子弟。

第四個時期是孔子教育的全盛期，時間在孔子六十八歲到去世以前的五年間。周遊列國歸來後，孔子已經完全失去

◉ 杏壇禮樂

周遊列國歸來，孔子一邊整理古代文獻，一邊繼續從事教學活動。

了往日的從政熱情，專心整理古代文獻和培養弟子，子游、子夏、子張、曾參、有若等著名弟子都是在這時投入孔子門下的，這些弟子將孔子生前的講學和談話紀錄整理成《論語》，並將孔子的思想發揚光大，為儒學的傳承發展作出了重要貢獻。

在長期的教學實踐活動中，孔子因材施教，循循善誘，舉一反三，相互切磋，教學相長，創造了一整套科學的教育方法，培養了一大批德才兼備的人才。司馬遷在《史記·孔子世家》中說「孔子以詩書禮樂教，弟子蓋三千焉，身通六藝者七十有二人」，在同書的〈仲尼弟子列傳〉中卻說「孔子曰『受業身通六藝者七十有七人』」，由此可見，弟子三千只是個約數，身通六藝者有七十多人。弟子眾多，難以

聖門四科
德行顏淵閔子騫冉伯
牛仲弓言語宰我子貢
政事冉有季路文學子
游子夏

◉ 聖門四科　孔子弟子分為德行、政事、言語、文學四科。

逐個介紹，只能將聖門四科德行、言語、政事、文學中的十個弟子和曾參簡要介紹如下。

　　顏回（前521年－前481年），字子淵，魯國人（今曲阜人）。他是孔子最得意的弟子，出身貧寒，樂道好學，不遷怒他人，不犯同樣的錯誤，以德行著稱，位居聖門四科之首。孔子曾稱讚說：「賢哉回也！一簞食，一瓢飲，在陋巷，人不堪其憂，回也不改其樂，賢哉回也！」用筐子盛飯，用瓢喝水，住在破敗的小巷裏，安貧樂道，潛心向學。他英年早逝，雖然沒有著作傳世，但被推崇為家貧好學的典型，被追封為復聖，在孔廟

◉ 顏子像

◉ 顏子廟　廟在曲阜後宰門南鄰。

大成殿內配享孔子，故居陋巷還有龐大的專祠顏
子廟。

　　閔損（前536年—？），字子騫，魯國人。
出身貧窮，幼年喪母，遭後母虐待，天寒發抖掉
下拉車繩，父親很生氣，用鞭子打破他的衣服才
發現是用蘆花作的棉衣，父親要趕走後母，閔子
騫以「母在一子單，母去三子寒」勸阻了父親，
孔子稱讚他「孝哉閔子騫，人不間於其父母昆弟
之言」，人們對他父母兄弟稱讚他的話沒有任何
不同意見，被後世奉為孝順的典型，鞭打蘆花也
被列入〈二十四孝圖〉。為人寡言少語，老成持
重，清心寡欲，淡薄仕途，孔子稱讚他「不仕大
夫，不食汙君之祿」，品德高尚，以德行著稱，
宋代加封為費公，在孔廟大成殿內配祀孔子，位
列十哲之首。

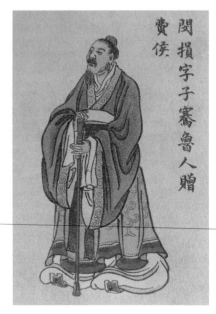

◉ 閔子像

冉耕字伯牛魯人贈

郚侯

◉ 冉耕像

冉雍字仲弓魯人贈

薛侯

◉ 冉雍像

冉耕，字伯牛，魯國人，與冉雍同族，也應是出身賤民家庭。爲人端莊正派，直言直行，學習具體而微，善於待人接物，孔子任魯國司寇時曾任中都宰，也曾追隨孔子周遊列國。後得惡疾，孔子感到非常可惜，去探望他時感傷地說：「命矣夫！斯人而有斯疾！斯人而有斯疾！」這個人竟然得了這個病！這個人竟然得了這個病！以德行著稱，孔門十哲之一，宋代加封爲郚公，在孔廟大成殿內配祀孔子。

冉雍（前522年—？），字仲弓，魯國人。出身賤人家庭，勤奮好學，爲人寬宏大量，不與人爭，爲政居敬行簡，辦事簡略，跟隨孔子周遊列國，歸來後任季氏總管。有德行，有治理才幹，是弟子中少有的德才兼備的人物。孔子稱讚說「雍也可以南面」，「犂牛之子騂且角，雖欲無用，山川其舍諸？」冉雍具有治理的才幹，爲什麼因爲他是賤民的兒子就捨棄不用呢？孔門十哲之一，宋代加封爲薛公，在孔廟大成殿內配祀孔子。

宰予，又名宰我，字子我，魯國人。具有革新思想，曾向孔子建議將守喪三年改爲一年，結果受到孔子的批評，白天睡覺也受到過孔子的批評，但他仍是孔子最好的弟子之一，

曾跟隨孔子周遊列國。擅長辭令，是言語科的
高足之一，孔子也曾派他出使齊國、楚國。具
有很強的辦事能力，楚國令尹子西在勸阻楚昭
王分封土地給孔子時說，楚國的使者有如子貢
的嗎？輔佐大臣有如顏回的嗎？將帥有如子路
的嗎？辦事官員有如宰予的嗎？孔門十哲之
一，宋代加封爲齊公，在孔廟大成殿內配祀孔
子。

　　端木賜（前520年—？），字子貢，衛國
（今河南）人。《論語》中有關子貢和孔子的
問答最多，孔子曾稱讚他能舉一反三，「告諸
往而知來者」，辦事通達，是從政的高才，
「賜也達，於從政乎何有？」推許他爲「瑚
璉」，言語華美而卓有才幹。子貢精通禮儀，
能言善辯，長於外交，孔子稱讚他是辯人，是
言語科高足之一。子貢多次出使外國，他也
不辱使命，屢建奇功。僅見之於《左傳》的就有哀公七年的
爲季康子禮辭吳國召見，十一年的幫叔孫氏應對吳王，十二
年勸說吳國放回衛國國君。齊國進攻魯國，孔子派他出使外

◎ 宰予像

◎ 子貢墓
在河南浚縣南關外。

◉ 子貢像

冉求（前522年—？），字子有，魯國人。孔子稱讚他多才多藝，是從政的高才，「求也藝，於從政乎何有？」「千室之邑，百乘之家，求也可使治其賦」。冉求勇武善戰，長於政事，是政事科高足。魯哀公十一年（前484年），齊國進攻魯國，冉求時任季氏總管，積極幫助謀劃，在執政三家大夫不合作的情況下，力主迎戰，率領左師身先士卒，首先攻擊齊軍，在魯國右師潰敗的形勢下打敗了齊軍。戰爭結束後，季康子問冉求的軍事才能是學來的還是生來就懂，冉求回答是跟孔子學來的，趁機勸說季康子派人迎回孔子，孔子才結束了十四年的在外奔波返回魯國。季康子改用按田畝徵收軍費，孔子反對，冉求作為季氏宰幫助推行，受到孔子的嚴厲批評，「非吾徒也，小子鳴鼓而

國去救魯國，他勸齊伐楚，勸吳救魯，勸越助吳，勸晉備楚，最後吳國打敗齊國，晉國打敗吳國，越國攻破吳國，稱霸東南，而魯國免於戰爭。《史記·仲尼弟子列傳》說：「故子貢一出，存魯，亂齊，破吳，強晉而霸越。子貢一使，使勢相破，十年之中，五國各有變。」子貢還善於經商，是春秋時期著名的富商，古代著名的商人之一，被後人奉為商業之祖。孔子死後，他在孔子墓前結廬守墓六年才離去。孔門十哲之一，宋代加封為黎公。在大成殿內配祀孔子。

◉ 會文亭
冉求、冉雍、冉耕會文處，在山東成武城外。

攻之可也」，雖然在這件事上師徒反目，但以後仍然保持了良好的關係。冉求為孔門十哲之一，宋代加封為徐公。在大成殿內配祀孔子。

仲由（前542年－前480年），字子路，又字季路，魯國卞（今山東泗水）人。出身貧賤，年輕時自己吃野菜，到百里之外為父母背米，被列為二十四孝。性情粗野，曾經輕侮孔子，經孔子禮義誘導後拜孔子為師，一生忠於孔子，敢於向孔子提意見，在弟子中與孔子關係最為密切。性格直爽，果敢勇武，信守承諾，忠於職守，見義勇為，擅長政事。孔子稱讚他有從政的才能，「由也果，於從政乎何有」，「由也，千乘之國可使治其賦也」。孔子周遊列國前曾任魯國季氏的總管，周遊列國時又任衛國蕢聵的蒲邑大夫。衛國太子蕢聵避禍外逃，其子立為出公，蕢聵劫持大夫孔悝趕走出公，子路為救孔悝趕到都城，在戰鬥中被人砍斷了帽子帶，他說「君子死而冠不免」，在繫帽帶時被人砍成肉醬。子路為孔門十哲之一，宋代加封為衛公。配祀孔子於孔廟大成殿。

◉ 子路像

◉ 子路祠　在河南濮陽。

言偃（前506年—？），字子游，吳國（今江蘇）人。爲人行事重大事而輕小事，熟悉古代文獻，通禮儀，爲文學科高足。曾任武城宰，實踐孔子的政治主張，選拔賢才澹台滅明，以禮樂教化治理百姓。孔子到了武城，聽到彈琴唱歌的聲音，孔子高興地說「殺雞何必用宰牛的刀」，子游說「過去我聽您說『君子學習禮樂就會愛人，老百姓學習禮樂就容易使喚』」，孔子說「你們都聽著，子游說得對，我剛才是開玩笑」。子游爲孔門十哲之一，宋代加封爲吳公。配祀孔子於孔廟大成殿。

◉ 卜商像

卜商（前507年—？），字子夏，衛國（今河南）人。出身貧寒，刻苦向學，聰明善思，能舉一反三，爲人勇武，喜歡與賢人相處。曾任莒父宰，孔子死後到魏國西河講學，弟子很多，影響很大，魏文侯也拜他爲師。晚年喪子，痛苦過度以致雙目失明，離群索居，孤獨困苦。子夏以熟悉古代文獻著稱，爲文學科高足，對《詩》、《書》、《禮》、《樂》、《春秋》都有所解釋，爲孔子思想的傳播作出重要貢獻。他提出的「學而優則仕」和「四海之內皆兄弟也」對後世影響很大。宋代加封爲魏公，在孔廟大成殿內配祀孔子。

◉ 子游像

曾參字子輿南武城人贈郕伯

◉ 曾子像

曾參（前505年—前432年），字子輿，魯國南武城（今山東嘉祥）人。孔子晚年弟子，出身貧寒，早年親自勞作，孔子去世以後不願從政，收徒設學，孟子說他有弟子七十多人，《呂氏春秋》說吳起也是他弟子。《論語》所收曾參言論較多，從記載看曾參爲人小心謹慎，態度謙虛，性情沉靜，所以孔子說「參也魯」，其實曾參具有大丈夫性格，「可以托六尺之孤，可以寄百里之命，臨大節而不可奪也」，「士不可以不弘毅，任重而道遠。仁以爲己任，不亦重乎？死而後已，不亦遠乎？」曾子注重道德修養，提出「吾日三省吾身」的修養方法，每天多次反省自己，替別人謀劃是否竭心盡力，與朋友相交是否誠實守信，傳授給別人東西是否是自己日常所講習的。提倡慎獨功夫，在別人不在或不知的情況下也不作損人利己等有違道德規範的事情。提倡和爲貴，以孝著稱。相傳著有《大學》、《孝經》。據說孔子思想由他傳授給孔子之孫子思，子思通過他的門人傳給孟子，因此在儒家道統中具有重要位置，元代加封爲國宗聖公，在孔廟大成殿內配享孔子，位置在顏回之下而列第二。

孔子思想在中國歷史上的積極作用

十九世紀以來，中國遭到資本主義列強的入侵，凡戰必敗，割地賠款，飽受凌辱，深受西方資本主義影響的學者們將中國的落伍歸罪於孔子，歸罪於孔子思想，認爲孔子思想導致了中國的貧窮和落後，鼓吹向西方學習，全盤移植西方的政治、經濟、文化等社會制度。此後的一百多年裏，人云亦云，人們已經習慣了罵祖先，對祖先創造的文明並沒有進行認真地、全面地分析和研究，以偏代全，以近代古，否定我們祖先所創造的輝煌業績，重挫了民族自信心。要正確評價孔子及其思想，就要對中國歷史進行縱向的全面的考察，考察孔子思想在中國歷史上所發揮的作用。

自從西漢武帝劉徹接受董仲舒的建議「罷黜百家，獨尊儒術」以來，孔子思想在大部分的時間裏一直是中國社會的指導思想，要正確評價孔子思想在中國歷史上的作用，就應該首先找出孔子思想體系下的中國與其他思想體系下的國家的不同，分析孔子思想在這些不同中的作用，就能對孔子及其思想的作用得出正確的結論。

中國與其他國家最大的不同一是大一統國家的不斷發展與鞏固，二是

◉ 漢武帝像

古老文明的不斷發展，三是經濟的不斷發展與長期的繁榮。

孔子思想促進了多民族國家的鞏固和發展

世界歷史上曾經出現過古埃及帝國、古巴比倫王國、波斯帝國、馬其頓亞歷山大帝國、羅馬帝國、拜占庭帝國等龐大帝國，這些帝國雖盛極一時，但有的很快就土崩瓦解，有的雖然持續一段時間後才分崩離析，但這些帝國都已經灰飛煙滅，成爲過眼的輝煌，並沒有延續到現在的大國。世

◉ 曲阜孔廟

界上惟獨中國，雖然歷經改朝換代，秦、漢、隋、唐、宋、元、明、清等龐大的統一帝國一脈相承，中間雖然也有分裂和動亂，但很快恢復爲一統，多民族、大一統的國家一直延續到現在。分析其原因，我們不難發現，是孔子思想促進了多民族大一統國家的鞏固和發展。

孔子大一統的思想是中國多民族、大一統國家的理論基礎。孔子主張大一統，他說：「天下有道，則禮樂征伐自天子出；天下無道，則禮樂征伐自諸侯出。自諸侯出，蓋十世希不失矣；自大夫出，五世希不失矣；陪臣執國命，三世希不失矣。天下有道，則政不在大夫；天下有道，則庶人不議。」（〈季氏〉）孔子此話是針對社會現實的有感而發，春秋時期，諸侯混戰，社會動亂，帶給人民無窮的災難，孔子主張禮樂征伐自天子出，恢復國家一統的局面，就會減少戰爭，減少人民的痛苦。此後，孔子的「禮樂征伐自天子出」的主張就成爲鞏固大一統中央集權國家的理論基礎，大一統思想也成爲中華民族的傳統思想。任何一個新建王朝無

不想一統天下，臥榻之側，豈容他人打鼾，就是這種心態的表露。即使是少數民族建立的地方政權也都以正統自居，以大一統爲己任。匈奴人赫連勃勃於407年建國，自認爲是大禹的後代，取國名爲大夏，建立都城取名統萬，「朕方統一天下，君臨萬邦，可以統萬爲名」（《晉書‧赫連勃勃載記》）。氐族人苻堅統一了北方之後，南征東晉，就是要一統天下，「復禹績」，建立大一統的帝國。

從西漢開始，孔子思想成爲封建社會的正統思想，歷代王朝無不推行孔子思想，即使是少數民族建立的政權也無不如此。最爲典型的是十六國

◎ 真宗祀魯　1018年，宋真宗到曲阜親自祭祀孔子。

時期，尊孔崇儒較之此前的漢、晉中原王朝有過之而無不及。後趙國主、羯人石勒雖然不識漢字，但是卻「雅好文學，雖在軍旅之中，常令儒生讀《春秋》、《史》、《漢》諸傳而聽之」，建國後還設立太學一所，小學十餘所，並親自到太學、小學考試諸生，按儒學的成績高低給以獎勵。匈奴人、前趙國主劉曜也設置太學、小學，選拔二十五歲以下、十三歲以上資質可教者一千五百人爲學生，成績優異者授以官職。建立前燕的鮮卑族慕容氏統治者大多崇尚儒學，慕容晃雅好文籍，「親臨東庠考試學生，

◎ 大成殿

北魏孝文帝曾於495年到曲阜親自祭祀孔子廟和孔子墓。

期通經優異者擢充近侍」。南燕鮮卑人慕容德稱帝後席未暇暖便「設置學官，簡公卿以下子弟及二品士門二百人為太學生」。羌人、後秦國主姚興尊崇儒學，重用儒者，「天水薑龕、東平淳於岐、馮翊、郭高等皆耆儒碩德，經明修行，各門徒數百，教授長安，諸生自遠而至者萬數千人」，其治下的長安一時竟成為儒學的重鎮。氐人、前秦國主苻堅重用儒生，他曾詔令天下百官每年向朝廷推薦賢良、方正、孝廉、清才、多略博學之士，凡精通儒學者一律給以官職。鮮卑人、北魏孝文帝精通儒學，「雅好讀書，手不釋卷，《五經》之義覽之便講，學不師授，談其精奧」，所以執政時全盤漢化，改漢姓，穿漢服，講漢語，禁止三十歲以下鮮卑人講鮮卑語，獎勵鮮卑人與漢人通婚，加快了民族融合。

其實，統治者越是少數民族越要推崇孔子思想。西夏人慶三年（1146年）封孔子為文宣帝，自唐玄宗加封孔子為

◎ 十三碑亭

文宣王至明世宗改稱孔子爲至聖先師，中國歷代王朝給孔子的封號均是「王」，惟獨西夏加封孔子爲帝，因爲自秦始皇取名皇帝後帝高於王。其實，文宣王的「王」是周朝天子的「王」，是與秦至隋的「帝」相同的。據記載，女眞兵進入曲阜，曾以孔子的「夷狄之有君，不如諸夏之亡也」（〈八佾〉）語而火燒孔子廟，但兩年後就建太學，重修國子監，十四年後，熙宗親自拜祭上京孔子廟，讚揚孔子思想「使萬世景仰」，撥款重建曲阜孔子廟。到金章宗時，更是大事擴建。現存的曲阜孔子廟十三碑亭分別建於金、元、清三代，都是少數民族入主中原時所建，這不僅僅是巧合，確實也反映了少數民族入主中原更需要孔子思想的衷曲。

少數民族入主中原，提倡孔子思想，固然是他們鞏固統治的需要，但客觀上也加快了民族的融合。少數民族入主中原，從政治上、軍事上看，他們是勝利者，但是，文化上落後的遊牧民族一進入文化發達的中原地區，面臨強大的儒家思想，就註定了他們是失敗者。入主中原的少數民族很快就被融合，早期入主中原的匈奴、鮮卑、羯、氐、羌、契丹、黨項、女眞作爲民族已經早已消失，大多被融合爲漢族，後期入主中原的蒙

⦿ 吉林文廟

古族和滿族作爲民族雖然還存在，但如果不是在其民族聚集區也很難能看出他們的民族特性。現在，中國共有約一千萬滿族人，但能講滿族語言的已經很少了，能通曉滿族語言的只有不到二十人。當然，這並不是好事，各民族應該保持本民族的特性，保持本民族傳統的文字、文化和風俗。但它從一個側面反映，孔子思想確實具有強大的融合力。對中國歷史進行縱向的全面考察，可以說，孔子思想促進了民族融合，促進了多民族國家的形成和發展。

血緣是一個民族的根，宗教信仰是一個民族最明顯的特性，沒有宗教信仰的民族最明顯的特性就是思想文化。漢族其實是一個由許多民族不斷融合而形成的族群，並非像大多數民族那樣有一個共同的始祖，大家所說的中華民族是炎黃子孫，其實這個說法就是說中華民族的祖先來自兩個不同的部落，漢族是沒有一個共同

⊙ 烏魯木齊文廟

祖先的民族，又沒有共同的宗教信仰，維繫這個族群的紐帶就是思想文化，就是以孔子思想為主幹的傳統思想文化。

中國早期的民族觀並非以血緣為基礎，而是以文化為根基。中原古代稱為華夏，《禮記正義》孔穎達疏引說，「夏，大也，中國有禮義之大，故稱夏，有服章之美，謂之華」，華夏就是有著禮義道德和華美服裝的族群，夷狄就是四邊尚未開化的族群，東方曰夷，西方曰戎，南方曰蠻，北

⊙ 雲南建水文廟
元代1325年建。

方曰狄，華夏和夷狄劃分的標準就是文化水準的高低和文明的是否開化。

古代雖然一再強調明華夷之分，但卻又認為華夷可以變化甚至轉換。孔子認為華夷可以變化，「子欲居九夷。或曰：『陋，如之何？』子曰：『君子居之，何陋之有？』」（〈子罕〉），尚未開化的地方，君子到了就能使他開化，夷就可以變為華夏。孔子認為夷狄能夠轉化為華夏，「言忠信，行篤敬，雖蠻貊之邦，行矣」（〈衛靈公〉），蠻貊之人也具有與華夏相同的人性，人類的美德在夷狄之地也能行得通，夷狄當然能夠教化成為華夏。孔子反對以夷變夏，「裔不謀夏，夷不亂華」（《左傳·定公十年》），而是希望以夏變夷，以先進的文化改變落後的文化，但他不主張採用軍事征服、文化征服的方式，而是採用禮樂教化使之主動歸化，「遠人不服，則修文德以來之」（〈季氏〉）。在孔子思想的影響下，歷代中央政府和地方官吏大都能正確對待少數民族，在少數民族地區大興學校，進行禮樂教化，提高了少數民族的文化水準和生活水準，促進了民族團結，鞏固了多民族國家的統一。

曾子說「夫子之道忠恕而已矣」，孔子主張「己欲立而立人，

◉ 臺南文廟　南明永曆二十年(1666年)鄭成功趕走荷蘭人後所建。

◎ 天安門

己欲達而達人」，「己所不欲，勿施於人」，孔子思想本身
就是一種寬容的思想，而孔子思想博大精深，又處於統治地
位，正所謂宰相肚裏能撐船，對任何其他的思想、宗教都能
持寬容的態度。佛教來自印度，是一種外來的文明，在中國
歷史上曾經占據重要的地位，甚至出現過舉國信奉的盛況，
有的學者將其稱之爲獨尊佛教，其實，統治階級信奉佛教，
這只是宗教信仰，佛教並沒有成爲國家的指導思想。在歷史
上，中國一直是政教分家，崇奉佛教的王朝，仍然是以孔子
思想爲治國理念，孔子思想仍然是國家的指導思想。雖然歷
史上也曾有過儒家學者如韓愈等人大力批佛、排佛，但孔子
思想與佛教基本是和平共處的。佛教傳入中國後，不斷被改
造，接受了孔子思想，以適應孔子思想影響下的中國現實，
而儒家學者也吸收佛教思想發展儒家思想，最典型的就是宋
明理學，它就是吸收了佛家、道家等思想對孔子思想的發
展。正因爲孔子思想是寬容的思想，對其他思想、宗教持寬
容、包容的態度，所以中華民族就能不斷融合其他民族，中
國多民族、大一統的國家就能不斷發展壯大。

孔子思想促進了民族文化的不斷發展

世界古代曾產生了尼羅河的古埃及文明、幼發拉底河和底格里斯河的兩河流域文明、印度河流域的古印度文明和中國文明四大文明。四大文明中，古埃及文明、兩河流域文明、古印度文明都早已失傳，惟獨中國文明薪火相傳，而且不斷發展壯大，推究其原因，我們不得不承認，孔子思想對中華文明的傳承與發展作出了重要貢獻。

異族入侵是古埃及文明、兩河流域文明、古印度文明消失的主要原因。古埃及自西元前525年被波斯侵占後，相繼被馬其頓人、希臘人、羅馬人、阿拉伯人、突厥人、蒙古人、塞加西亞人所統治，1517年又淪爲奧斯曼帝國的一個行省，並受到基督教徒的八次十字軍入侵，文化受到摧殘，在西元四世紀末傳統的象形文字就消失了，代之而起的是利用希臘字母和象形文字創造的科特普文字。兩河流域自產生文明後就爭奪不已，西元前538

年遭到波斯的入侵，西元前331年又被馬其頓人亞歷山大侵占，兩河流域的蘇美爾人首先發明了楔形文字，巴比倫王國、亞述帝國時逐步簡化，以後轉向音節文字，到波斯人時已接近字母文字，只有四十一個楔形符號，但到西元前331年亞歷山大滅亡波斯後，楔形文字就失傳了。古印度曾在西元前518年被波斯侵占後成爲波斯帝國的一個行省，西元前327年被亞歷山大滅亡後又被馬其頓人統治了十年，西元一世紀中葉大月氏人建立了貴霜帝國，統治了北印度兩百多年，711年以後，又陸續遭到阿拉伯人、突厥人、蒙古人的入侵，被信奉伊斯蘭教的突厥人、蒙古人統治了六百多年（1206—1857），傳統文化受到致命打擊。

中國歷史上也曾多次遭到少數民族的入侵，孔子以來就有漢代的匈奴，十六國時的匈奴、鮮卑、羯、

⊙ 北京國子監文廟
元代1306年建。

氐、羌，唐代的突厥，唐以後的契丹、黨項、女真、蒙古、滿族，除突厥外，上述各少數民族都曾建立地方或中央政權，蒙古族和滿族還曾建立大一統的帝國，而滿族的統治竟長達兩百六十多年。就宗教信仰來說，一統中國的蒙古族、滿族都是佛教的信奉者（清滿漢文字碑）。

　　為什麼同樣遭到外族入侵，古埃及文明、兩河流域文明、古印度文明都在受到摧殘後而削弱，惟獨中華文明不僅延續下來而且不斷發展？最主要的原因就是中華文明是不斷發展的文明，是先進的文明。大家都認為，漢武帝「罷黜百家，獨尊儒術」，孔子思想才受到重視，其實在這之前，漢高祖劉邦就已經推崇孔子。劉邦開始是看不起儒家的，他曾將儒生的帽子拿來撒尿，並以馬上得天下自詡，但他懂得以馬上得天下而不能以馬上治之的道理後，就開始尊崇孔子思想，戎馬倥傯，在曲阜親自祭祀孔子，後人推崇孔子思想，吹捧劉邦，說漢家四百年基業全在於此。漢武帝將孔子思想推為獨尊，孔子思想成為國家的指導思想，正是在孔子思想的指導下，中華文明不斷發展。

◎ 元碑

1307年，元武宗加封孔子為大成至聖文宣王，詔書由漢文與老蒙文八思巴文逐字對刻。

◎ 清碑

用漢文和滿文對刻。

漢高時象祀孔子
孫後世間廟藏孔
子衣冠琴書至漢
二百餘年不絕為
皇帝過魯以太牢
祀焉

◎ 漢高祀魯

西元前195年，漢高祖劉邦路過曲阜，親自祭祀孔子。其後有東漢光武帝、明帝、章帝、安帝、北魏孝文帝、唐高宗、玄宗、北周太祖、宋真宗、清康熙、乾隆，十一個皇帝親自到曲阜祭祀孔子。

　　孔子本人是具有廣博知識的學者，孔子思想本身就是文化的思想，學者的思想。孔子以創辦教育起家，目的就是要培養治理國家的人才，弟子子夏深知老師的用意，一語點破說「學而優則仕」。在孔子舉賢才這種賢人政治的影響下，漢代採用察舉的辦法選擇官員，到隋唐時就採用科舉的方式選拔官員，察舉制度、科舉制度打破了貴族對仕途的壟斷，使平民有了參政的機會，為平民參政開闢了道路，改變了世官世祿的傳統，革命性、先進性是不言而喻的。

　　孔子思想被當作社會的指導思想，文化本來就受到重視，而科舉制度使中國很早就形成了文官主政的傳統。文人主政，當然重視文化，更促進了文化的發展，所以在中國，文化一直在不斷地發展，漢賦、樂府、唐詩、宋詞、元曲、明清小說，不同的朝代產生了不同的文學體裁，並達到那個時代的高峰，即使在最不重視文化的元朝，文化也有很大的發展。當歐洲處在黑暗的中世紀時，中國的文化、藝術卻是非常繁榮。毫無疑問，科舉制度是很先進的，科學的選舉官員的辦

圖說孔子

法，十六世紀介紹到歐洲時就被認爲是世界上最好的文官選拔制度，當然，到了封建社會晚期，科舉制度的弊端也日益顯現。客觀公正地說，科舉制度造成文人主政，對中國社會的發展是起過重大的推動作用的，但是，由於一百多年來否定傳統思潮的影響，一提科舉制度就是范進中舉，給人的感覺科舉制度就是束縛人才，培養庸才。看待問題不能一分爲二，缺少辯證法，看待歷史問題老是罵祖先，這是一百多年來的最大弊端，也是中國民族最大的悲哀。

中國歷史上文人主政，文化高度發達而且不斷發展，以致有些西方學者認爲中國更像是一個文明實體。八十多年前，英國著名學者羅素就說：「中國與其說是一個政治實體，還不如說是一個文明實體——惟一倖存至今的文明。孔子以來，埃及、巴比倫、波斯、馬其頓，包括羅馬帝國都消亡了，但是中國以持續的進化生存下來了。最先是佛教，現在是西方的科學。但是佛教沒有把中國人變成印度人，西方科學也不會將中國人變成歐洲人。」應該說，羅素的觀點抓住了中國歷史的特點，也指出了中國發展的道路，佛教沒有將中國人變成印度人，西方科學也不會把中國人變成歐洲人。

◉ 進士題名碑

在北京國子監文廟，刻有元、明、清三代的進士名字。

孔子思想促進了民族經濟的不斷發展

如果我們對中國的經濟進行縱向全面的考察，就不難發現，中國經濟在孔子以來的大部分時間裏一直走在世界的前列，西方經濟學家一般認為在十八世紀以前中國一直是世界上經濟最為發達的國家，中國的國民生產毛額（GNP）也在西歐之上。弗蘭克《白銀資本》說，在1500年至1800年的三百年間，中國成了全世界白銀的

「祕窖」，全世界總量十二萬噸的白銀中的大約一半也就是六萬噸流入中國。西方殖民者將在拉丁美洲掠奪來的白銀輸送到中國換取絲綢和瓷器等高級奢侈品，一位西班牙海軍軍官說，「中國皇帝能夠用來自祕魯的銀條來建築一座宮殿」。六萬噸白銀相當於十六億兩，十八世紀的清乾隆年間中國人口約為二億，每人平均約八兩，接近三百克（明清時一斤為十六兩，五九七克）。中國是一個缺少白銀礦藏的國家，但在明代中期就建立

◎ 北京明清皇宮　世界最大的宮殿就是國力強盛的標誌。

圖説孔子

◉ 明代蟒服

　絲綢、瓷器、茶葉是中國
歷史上的三大外貿商品。

◉ 明代絲綢

◉ 明清瓷器

◉ 明清瓷器

◉ 架火戰車（模型）
宋代就將火藥用於戰爭。

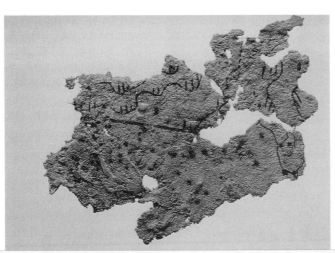

◉ 漢代紙地圖
西漢早期的麻紙，已發現
世界上最早的紙地圖。

起以白銀為本位的貨幣制度，依靠的就是主要來自域外的大量白銀。正因為有來自國外的大量白銀，我們才能相信《紅樓夢》中王熙鳳回憶娘家接待南巡的皇帝時說「把銀子花的像淌海水似的」，王熙鳳「銀子上千錢上萬，一日都從他一個手一個心一個口裏調度」。沒有來自國外的大量白銀，我們真難相信從和珅家抄出白銀五千多萬兩和洋錢五萬八千元，兩項折合白銀約二千噸，這還不算大量的銀質餐具和七噸的赤金，抄出的和珅家產估計約值白銀八萬萬兩，相當於白銀三萬噸。這足以說明，我們中國人不是已經窮了幾千年，而是歷史上非常闊過。

英國經濟學家麥迪森的觀點較為保守，他認為在十一世紀日本以外的亞洲平均國民生產毛額為450美元，約是西歐的112.5％，而中國當時經濟水準遠遠高於其他亞洲國家，平

◉ 唐代刻經

唐咸通九年（西元868年）刻印，世界上最早的印刷品。

⊙ 造紙流程圖

均國民生產毛額高於亞洲平均水準，
2000年的《參考消息》刊載的一篇文章
說，進入第二個千年時，也就是北宋
初年，中國的平均國民生產毛額是歐
洲的1.2倍。麥迪森認為，十一世紀以
後，歐洲與中國的差距逐漸縮小，義
大利最先取得領先地位，再後是荷蘭
和英國，到1820年，中國的平均國民生
產毛額僅占西歐的48.7％，即使如此，
中國的國民生產毛額仍約占世界的三
分之一，中國仍是世界上經濟總量最
大的國家，直到十九世紀八〇年代才
被美國所超過。

　　中國不僅是經濟大國，而且還是

科技大國。在西方文藝復興前的上千年中，世界共有三百項重大科學成果，其中中國的發明約有一七五項，約占所有發明的58％，火藥、造紙、指南針、印刷術、鑄鐵、手推車等這些促進人類文明進步的發明都是中國人創造的，使用和推廣都早於西方幾個世紀。

中國的落伍是在西方工業革命以後，也就是從十九世紀開始的。美國學者甘迺迪在《大國的興衰》一書中說，在十八世紀，中國的工業產量仍占世界的32％，而全歐洲才占23％，但到甲午戰爭時，中國工業總值已經下降到世界工業總值的6％，而歐洲已經上升到62％，此消彼長，中國已經遠遠落後了。

當然，將中國經濟的發展全部歸功於孔子思想也是不合適的，但是我們應該能夠這樣認為，歷史上將孔子思想作為國家的指導思想並沒有影響中國成為世界上最為發達的國家，相反，拋棄孔子思想以後，中國的經濟不僅沒有快速發展，反而每況愈下，到肆無忌憚地批判孔子的時期，中國經濟已瀕臨崩潰的邊緣，中國的平均國民生產毛額下降到僅占歐洲的7.3％。「文化大革命」結束以後，不再批判孔子，解放思想，改革開放，中國經濟穩定發展，到1998年，中國的平均國民生產毛額回升到占歐洲的17.4％。而現在，據美國中央情報局公開網站資料顯示，按實際購買力計算，2003年，中國的國民生產毛額已達到6.5萬億美元，每人平均五千美元，中國已經成為世界第二個經濟大國。據麥迪森預測，到2015年，中國將成為世界第一經濟大國。

以上足以說明，孔子思想促進了中國的發展，我們要正確對待先人留下的遺產，不要再罵我們的先人，將先人作為我們無能的替罪羊。我們也不要再「拋卻自家無盡藏，沿門托缽效貧兒」，古人能在傳統思想指導下發展經濟，我們也應能從民族的優秀遺產中汲取營養，發展經濟，重鑄大國的輝煌。

孔子思想在國外的影響

Illustrated Life of Confucius.

《孔子思想在朝鮮半島的傳播與影響》
《孔子思想在日本的傳播與影響》
《孔子思想在越南的傳播與影響》
《孔子思想在歐美的傳播與影響》
《孔子思想在東南亞的傳播與影響》

孔子思想在國外的影響

從漢代開始，孔子思想開始輸出海外，對中國的近鄰朝鮮、越南、日本產生了重大的絲毫不次於在中國的影響；十六世紀以來，孔子思想又先後向歐洲、美洲、大洋洲、非洲等地傳播，推動了西方資產階級革命，促進了各種文化的交流，加強了各國人民的瞭解與友誼。

孔子思想的對外傳播出現過兩次高潮，第一次從西元前後開始，傳播的範圍主要是東亞，也就是中國周邊的鄰國朝鮮、越南和日本，第二次是從十六世紀開始，傳播的範圍主要是歐美和東南亞，有義大利、法國、德國、英國、俄羅斯、美國等歐美國家和印尼、新加坡、馬來西亞、菲律賓等南洋諸國。

孔子思想在朝鮮半島的傳播與影響

朝鮮半島與中國山水相連，是中國以外孔子思想傳入時間最早、傳播最廣、影響最深的地區。

孔子思想傳入朝鮮半島的確切時間史無記載，目前有周初箕子、戰國移民、秦末移民、漢初衛滿、漢設四郡等多種說法，但大多數學者比較認同漢設四郡說。西漢元封三年

◉ 國際儒學討論會

每年國內外都有舉辦關於孔子思想的學術討論會，最大規模的有三十多個國家和地區的學人參加。

⊙ 漢城成均館祭祀　成均館是朝鮮王朝時期的最高學府，現在每年農曆的二、八月仍然舉行祭孔大典。

（前108年），漢朝滅亡了由中國燕人衛滿創建的衛氏朝鮮，在現在的朝鮮半島北半部設置了樂浪、臨屯、玄菟、真番四郡，派遣漢族官吏前往治理。西漢自建元元年（前140年）開始以孔子思想作爲國家的指導思想，國學設立五經博士，設置博士弟子員，國家還不時策試賢良方正，選拔孝廉，大批儒生進入官吏隊伍。派往朝鮮半島的官員中必定會有通曉孔子思想的人才，他們也必定遵循中央政府的方針以孔子思想作爲治理理念，孔子思想因此被引入朝鮮半島。由於漢朝官吏的努力，「早在西元一世紀初，就有一些朝鮮人背誦《詩經》、《書經》和《春秋》等」（《朝鮮簡史》）儒家經書，孔子思想開始普及。

孔子思想傳入朝鮮半島時，朝鮮已經進入封建社會。孔子思想主張忠君尊王，有利於安定社會，當然受到統治者的歡迎，朝鮮三國：高句麗、百濟、新羅，都大力提倡。

高句麗（西元前37年－668年）興起於中國東北，以後南下，範圍逐步擴展到半島中部。得地利之便，高句麗最先接受了孔子思想。小獸林王二年（372年）仿照中國設立國家最高學府太學，以《春秋》、《禮記》、《書經》、《詩經》等儒家經典和《史記》、《漢書》、《後漢書》等中國史籍教育貴族子弟，同時還廣設

局堂教育平民子弟。爲加快儒學傳播，提高儒學水準，高句麗還派遣貴族子弟到唐朝留學。

百濟（西元前18年－664年）位於半島西南角，與中國隔海相望，交往便利，接受孔子思想也很早。近肖古王二十九年（374年）設立儒學博士，以名儒高興擔任，枕流王即位（384年）後又設立太學。從西元四世紀開始，中國進入了長達三百多年的南北分裂時期，百濟加強了與南朝的聯繫，請求派遣學者前往傳授儒學，534年、541年梁朝曾應請兩次派遣毛詩博士前往。由於有中國的支援，百濟的儒學水準提高很快，到405年，就開始對外輸出，博士王仁攜帶《論語》進入日本，將孔子思想首先傳入日本，以後百濟還不斷派遣博士前往日本講授儒家經書。在六世紀，中國向百濟派遣儒學博士，百濟向日本派遣儒學博士，孔子思想從中國接力式地向朝鮮半島和日本輸出，這是一個非常有趣的現象。

新羅（西元前57年－917年）位於半島東南角，與中國交往不便，孔子思想的傳入比較晚，被高句麗臣服後，通過高句麗接受孔子思想。真德女王五年（651年）始設置國學官員大舍二人，設立國學比高句麗、百濟晚了二百多年。新羅國學設置雖然很晚，但孔子思想在民間的影響卻很大，最有代表性的是花郎徒。花郎徒原是新羅部落內傳統的青少年組

⊙ 廣開土大王
四世紀末的高句麗國王。

⊙ 廣開土大王碑
記載廣開土大王的事跡，碑在遼寧的集安。

◉ 王仁遺跡　在韓國全羅南道羅岩。

織形式，他們自稱是彌勒化身，與僧侶一起生活修煉，以從中國傳入的儒教、道教和新羅固有的仙教進行思想教化，以武術進行強身健體，以歌舞教養情操。花郎徒以圓光法師（531年─630年）創立的世俗五戒為行動準則，「一曰事君以忠，二曰事親以孝，三曰

交友以信，四曰臨陣無退，五曰殺生有擇」，信條已經從佛門轉向儒家倫理。韓國現代史學家認為，「體認生命有輕於鴻毛，有重於泰山，不屈不撓為正義真理而奮鬥，以高昂的國家民族意識邁向戰場，奮勇殺敵，此乃花郎徒的精神」，「花郎徒精神並不止於青少年，成年以後仍繼續維持，成為鞏固國民精神與倫理的基礎，這是新羅統一三國的原動力」（李元淳等《韓國史》）。

675年，新羅統一了朝鮮牛島，為了鞏固統一，更加提倡孔子思想。孔子思想的大一統、等級名分、倫理綱常等觀念非常有利於加強封建統治，所以新羅王朝雖然仍然推崇佛教，但在政治上卻以孔子思想為治國理念，仿照唐朝設立官僚體系，興學重教，

◉ 慶州鄉校
原是新羅的國學，新羅滅亡後成為鄉校。

實行科舉制度，建廟祭祀孔子，派遣留學生到唐朝留學，孔子思想的影響日漸擴大。

景德王六年（747年），設置國學的各業博士、助教，教授儒家經典。國學學生為十六歲至三十歲大舍（相當於司長）以下尚無官位的貴族及其子弟，以《論語》、《孝經》為必修課，以主修《周易》和《禮記》、《左傳》、《毛詩》、《尚書》和《文選》，將教學科目分為三科。國學修業年限為九年，學習期滿，考試合格即可出仕為官。元聖王四年（788年），又仿照唐朝實行以儒學為取士標準的科舉制度——讀書三品出身法。將能解讀《左傳》、《禮記》、《文選》，兼諳《論語》、《孝經》者列為上品；能解讀《曲禮》、《論語》、《孝經》者列為中品；能解讀《曲禮》、《孝經》者列為下品；對博通五經、三史、諸子百家者破格擢用。「讀書三品出身法」的實行將儒學與仕途結合起來，提高了儒學的地位，也刺激了儒學的傳播。

朝鮮半島原來沒有文字，採用漢字作為通用文字，漢字與朝鮮語音不合，使用起來很不方便，新羅人就用漢字字音記錄朝鮮語言，到七世紀末，薛聰將漢字和朝鮮語言緊密結合，用新羅語解讀儒經，這種方法稱為吏讀法，方便了人們學習，加快了儒學的傳播。

「衣冠知奉禮，忠信識尊儒」，唐玄宗寫給新羅國王詩中的這一聯形象地說明此時的新羅已經受到孔子思想的很深影響。

取代新羅統一半島的高麗王朝（918年—1392年）崇信佛教，被後世稱為佛教王朝。佛教雖然被當作安身立命之教，但主張修來世的佛教用來麻痹人民還有作用，對於治理亂後的社會卻功效不大，統治者深知「王者化成天下，學校為先，祖述堯舜之風，聿修周孔之道」，因此大力提倡孔子思想，以孔子思想作為治國理念，仿照中國實行三省六部制，推行儒家思想教育，大興學校，推行科舉制度。

⊙ 崔致遠（857年-？）

入唐留學生，新羅著名學者，推崇儒學。1020年從祀高麗文廟。

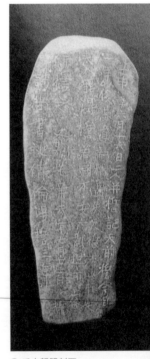

⊙ 壬申誓記刻石

文中記載二人發願學習《詩》、《尚書》、《禮記》等儒經。

◎ 薛聰像

發明以吏讀法翻譯儒經，1022年從祀高麗文廟。

高麗王朝儒學教育非常發達，京師開城有國子監、大學、四門學，地方有州學，民間有私學。私學由學者創辦，崔沖、鄭倍傑、盧旦、金尚賓等十二位著名學者都創建了私學，一時弟子云從，被稱為十二徒。尤以崔沖最為著名，他是國家元老，曾任侍中，在經過與契丹的近三十年戰爭之後，「干戈才息，未遑文教」，崔沖收徒設教，弟子眾多，分為九齋，影響最大，崔沖也被稱為「海東孔子」。此時的私學也以九經和三史為教育內容，與官學相比並沒有多少差別。

光宗九年（958年），高麗採用旅居中國人、時任翰林學士的雙冀的建議開始科舉選士，高麗王朝444年間共舉行科舉考試251次，錄取進士共約6663名。高麗王朝重文輕武，亡國前兩年才議設武科。文科分為制述科、明經科、雜科三科，其中尤重相當於唐朝進士科的制述科，共約錄取進士6167名，其次為明經科，約錄取進士415名，雜科最輕，只錄取了81名。制述科、明經科均考儒經，就連雜科也要考試儒經，雜科中還專有三《禮》、《春秋》三傳的專科。

◎ 水原鄉校　1285年建。

圖說孔子

海東孔子文憲公崔沖先生真

高麗王朝仰慕中國文明，先後向後晉、北宋、元朝派遣留學生。高麗時有一個非常有趣的現象，有中國人在高麗考中進士，也有高麗人在中國考中進士。北宋初年，中國禁止圖書出境，但對高麗開禁，宋太宗、宋真宗、元世宗、明太祖均曾賜給高麗儒家經書。高麗初期抄書，後用木板刻印，中國活字印刷術傳入後，高麗發明銅活字印刷儒家典籍，儒學傳播更加快捷。

宋宣和六年（1124年），北宋使者徐兢出使高麗，歸來所作《宣和奉使高麗圖經》說，「上而朝列官吏閑威儀而足詞采，下而閭閻陋巷間經館書舍三兩相望，其民子弟未婚者則群居而從師受教，既少長而擇友各以其類講習於寺觀，下逮卒伍童子亦從鄉先生學」，由此可見，此時的高麗舉國上下都在學習孔子思想。

⊙ 崔沖　從祀文廟。

高麗前期，奉行的儒家思想仍然是漢唐經學，十三世紀末，入元隨侍高麗世子的安珦將新刊的《四書集注》、《朱子全書》帶回國內，開始傳播朱子理學。他提倡忠、孝、信、誠、敬等儒家倫理，盡力排斥佛教，將意識形態上的崇佛引導到崇儒上來。朱子學在高麗傳播得很快，入元的官僚學者白頤正、李齊賢，考中元朝進士的李穡以及鄭夢周等都大力提倡宣講，朱子學很快就取代了漢唐經學的地位。

⊙ 全州鄉校
約建於1380年。

高麗末年，外有蒙古干涉，海盜侵掠，內有朝臣派別之爭，土地兼併嚴重，民族矛盾、階級矛盾異常尖銳。

1392年，推翻高麗建立的朝鮮王朝爲了鞏固統治，重建封建統治秩序，大力提倡儒家思想，儒家思想成爲國家的指導思想，儒教成爲國教，朝鮮王朝因此被稱爲儒教王朝。

朝鮮王朝以儒教立國，儒學教育非常普及。京師漢城設有最高學府成均館，以進士和生員爲學生，定員兩百名，下設五部學堂，每學定員一百名；府、郡、縣設立官辦學校鄉校，全國共設各級鄉校361所，定員共15000

◎ 江華鄉校　1127年建。

名。國家規定，良民身分以上的十六歲俊秀子弟都可入鄉校學習。官辦學校以外，各地都有私立的書堂、書齋，接受七、八歲的平民子弟就讀，書堂、書齋的優秀學生十六歲也可進入鄉校學習。校生經過考試取得進士或生員稱號就可到成均館進修，再經過文科考試就可入仕爲官。到十六世紀中期，官辦教育衰退，書院教育趁機而起，發展到十九世紀，書院竟達近千所。早期書院還得到國王的支持，給予免稅免役的優待，並向書院賜額甚至親筆題額。學校教育內容主要爲儒家經典，《學令》規定，諸生「常讀四書五經及諸史等書，不攜莊老、佛經、雜流、百家子集等書，

◎ 安珦（1243年-1306年）

被尊爲東方道學之祖，從祀文廟。

違者罰」，只准讀儒家經典和正史。在朝鮮，即使同是理學但批判朱子學的王陽明心學也被視爲洪水猛獸遭到排斥和批判。

朝鮮王朝堅持科舉取士，文科考試三年一次，稱爲式年試，每次一般錄取三十三人，此外還有別試，有增廣試、謁聖試、春塘台試、外方別試、黃柑試等名目。五百年間，式年試共舉行163次，錄取6063人，別試共舉行581次，錄取8557人，兩種考試共舉行744次，錄取14620人，由此可見朝鮮科舉之盛。爲鼓勵士子努力學習，殿試合格即可入仕爲官，並賜以殊榮，「殿庭唱榜，御前賜酒，賜花與蓋，優人呈戲，鼓吹前導，三日遊街以榮之」，還恩及及第者父母，「其親存者，則令所在官給酒樂以榮之，名曰榮親宴，歿者設祭，謂之榮墳。中第一名者賜米」（《朝鮮志·風俗》）。

除利用教育普及儒家思想外，朝鮮還特別重視禮俗教育和倫理教化。早在理學傳入的初期，被稱爲東方理學之祖、官居宰相的鄭夢周就令百姓按照《朱子家禮》的規定建立家廟，設立神主，祭祀先祖，到朝鮮時期，「處處祈佛、家家祀神」的民俗已變爲「處處祀孔，家家祀祖」的儒家禮俗。朝鮮王朝大力提倡忠孝節義等儒家倫理，褒獎忠臣孝子、節

◉ 鄉校示意圖

◉ 漢城成均館

婦義夫，除使用中國通俗教材外，還自編了《孝行錄》、《五禮儀》等通俗讀物，翻譯了《女四書》、《禮記大文諺讀》。為教育文化水準低的百姓，還編印了圖文並茂的《三綱行實圖》，其中收錄了百餘名忠臣、孝子、列女的事蹟，作為百姓學習的楷模。

朝鮮半島從新羅聖德王十六年（717年）開始在京師祭祀孔子，高麗仁宗五年（1127年）將祭祀孔子推向地方，命各州設立學校，建設文廟，祭祀孔子，追隨

◉ 陶山書院
朝鮮理學大師李滉著書處，在韓國安東市。

中國尊稱孔子為文宣王、玄聖文宣王、至聖文宣王、大成至聖文宣王。朝鮮王朝大建孔子廟，縣以上的城市都有鄉校，鄉校設文廟祭祀孔子，也像中國一樣，每年二月、八月的第一個丁日舉行釋奠大祭，每月初一、十五舉行釋菜、行香小祭。文廟主祭孔子，在清朝以前追隨中國增加從祀的先聖、先賢、先儒。不同的是，朝鮮還以本國的儒學學者從祀，從高麗宣宗十一年（1020年）以崔致遠從祀後，又陸續增加薛聰、安珦、鄭夢周、李滉、李珥等十七人，他們被通稱為東國十八賢。現在，韓國各地的鄉校文廟仍然都舉行祭祀活動，大都仍然按照古例舉行由地方行政長官主祭的春秋釋奠大祭，只是大多文廟減少了從祀的中國先賢先儒，一般文廟只祭祀孔子，以顏回、曾參、子思、孟子四配配享，閔損等十哲和周敦頤、程頤、程顥、邵雍、朱熹、張載宋六賢配祀，朝鮮的東國十八賢從祀。

⊙ 鄭夢周（1337年-1392年）
號圃隱，從祀文廟。

⊙ 旌表孝子亭

孔子思想傳入朝鮮半島初期，朝鮮人只是被動地接受，對漢唐經學很少闡釋。理學傳入後不同，很快就出現了一大批理學家，如前期的李穡、鄭夢周、鄭道傳、權近，發展期的金時習、徐敬德、趙光祖、李彥迪，鼎盛期的李滉、李珥，衰落期的金長生、宋時烈、奇正鎮、李震相，他們對理學均有所闡釋和發展，並形成了許多學派。理學產生在中國封建社會的衰落期，而輸入朝鮮是在封建社會的發展期，朝鮮理學學者代表了中小地主的利益，反對保守，主張革新，對社會的發展起了推動作用。

由於儒家思想的影響，朝鮮王朝對中國採取事大主義，他們仰慕中華文明，醉心中華文化，甚至在很長的歷史時期內認為中國就是世界的中心，因此上自朝廷法度，下至民間習俗全部效法中國，廷議言必稱孔孟，街談巷議也以四書五經為依據，儒學不僅作為治國理念，而且還擴大為社會規範。《朝鮮志‧風俗》所說的「崇尚信義，篤好儒術，禮讓成俗，柔謹成風」的民族性格和社會風尚就是儒家思想影響的必然結果。朝鮮人對此深為自豪，他們也以「小中華」、「海東中華」自居。

十七世紀以後，朝鮮封建社會步入後期，作為封建社會指導思想的朱子學由前期的社會改革的推動力量轉化為反對力量，朱子學者也由社會的改革者蛻變為既得利益的維護者，在學術上他們不顧社會的實際問題，故弄玄虛，清談空論，甚至將學術論爭蛻化為爭權奪利的黨爭。為了鞏固朱子學的正統地位，在學術上採取高壓政策，對敢於對朱子學有「一字致疑」者就加上「斯文亂賊」的罪名進行殘酷鬥爭和無情打擊。十九世紀下半期，日本和西方列強入侵，朝鮮面

◉ 李滉（1501年-1570年）

號退溪，朝鮮王朝時期理學的集大成者，從祀文廟。

臨亡國的危險，正統朱子學者圖謀以「衛正斥邪」爲口號對從中國傳入的實學思想、陽明學和從西方傳入的天主教以及西方文化進行排斥，但正統朱子學已無力回天，朝鮮最後成爲了日本的殖民地。但是，朝鮮人民並沒有屈服，深受儒家思想影響的儒林在衛正斥邪的口

◎ 成均館文廟兩廡

號下與日本殖民勢力進行了堅決的鬥爭，甚至拿起武器組織義兵進行武裝鬥爭，展現了英勇不屈的民族精神。

日本投降後，韓國學術界痛定思痛，對歷史進行反思，認爲事大主義、黨爭、鎖國、族閥、階級鬥爭等是國家滅亡的主要原因，曾一度對儒家思想進行批判。但在接受西方文

◎ 成均館文廟大成殿

⊙ 丁若鏞故居　丁若鏞（1762年-1836年），號茶山，朝鮮實學的集大成者。

化，採用西方政治制度後，隨著經濟的發展，個人主義、享樂思想成為社會的普遍價值觀，舞弊腐敗現象蔓延，造成道德墮落和民族主體意識渙散。經過反思，逐漸認識到傳統思想的價值，廢棄了側重儒家政治思想的傳統，轉而採用儒家思想扶持倫理，學術界也致力於從哲學、倫理學和歷史學、社會學角度研究儒家思想及其在歷史上所發揮的作用。

現在，韓國儒家思想的研究異常活躍，成立了許多學術組織和機構，出版了許多學術成果，幾乎每所大學都開設了中文系，成均館大學還開設了儒學大學和儒學研究生院。儒家思想的普及也非常普遍，1945年成立的儒

⊙ 大邱鄉校　1990年前後進行重修和重建。

圖說孔子

道會是一個全國性的組織，它以儒道精神爲理念，以闡明道義、扶持倫理、弘揚修齊治平之道、淳化社會秩序爲目的，下設青年儒道會、女性儒道會、儒學學生會，在首都設立總本部，在直轄市和道設立本部，在市、郡設立支部，在邑、面設立支會，在里、洞設立分會，四級行政區內都有儒道會組織，全國共設各級組織六百多個，擁有信眾一千萬人，約占全國人口的四分之一。

◉ 儒林會館

韓國儒道會的總本部。

　　孔子思想推動了朝鮮半島文化、經濟和社會的全面發展，所起的進步作用是有目共睹的。1893年科舉制度的廢除，宣告了儒家思想作爲統治思想的結束，但儒家思想並沒有退出朝鮮半島的歷史舞臺，相反，儒家思想從統治思想的寶座上跌落下來，失去了神聖的光環，反而更容易深入民間。而隨著教育的發展，文化水準的提高，越來越多的人瞭解了孔子，瞭解了孔子思想，孔子思想越來越普及，越來越深入人心。

◉ 金日成在曲阜

1991年10月，金日成專程到曲阜參觀。

孔子思想在日本的傳播與影響

◉ 東京湯島聖堂的孔子像

日本雖然與中國隔海相望，但在漢代就與中國開始了交往，後來透過朝鮮半島吸收中國文明，從隋代開始，通過派遣大量的遣隋船、遣唐船直接接受中國文明，孔子思想傳入日本後很快成為日本社會的指導思想，宋以後，隨著航海水準的不斷提高，海上交通逐漸不再困難，中日之間的交往日益頻繁，新興的理學很快傳入日本，經過四百多年漫長的傳播過程，終於在江戶時期成為日本的統治思想。

雖然同是中國的近鄰，但孔子思想在日本的傳播卻與朝鮮、越南大不相同。孔子思想在日本的傳播不是一直不斷地發展，而是經歷了兩起兩落的歷程。

孔子思想傳入日本一向有秦代徐福東渡說和百濟學者王仁南渡說兩種說法。徐福東渡說證據不足，目前難以讓人相信，但百濟學者王仁南渡說也是難以讓人相信。百濟學者王仁南渡說見於成書於720年的《日本書

◉ 徐福墓

在和歌山新宮市，日本徐福的紀念遺址很多。

⊙ 王仁墓　在大阪。

紀》，應神天皇「十六年春二月，王仁來之，則太子菟道稚郎子師之，習諸典籍於王仁，莫不通達。故所謂王仁者，是書首等之始祖也」，只說太子向王仁學習經典，並未說王仁獻書事。成書於712年的日本《古事記》倒是記載了獻書，但獻書者不是王仁而是和彌吉師，「又科賜百濟國：『若有賢人者貢上。』故受命以貢上人名和彌吉師，即《論語》十卷，《千字文》一卷，並十一卷，付是人貢上」，獻上《論語》的是和彌吉師。關於獻書的時間，《古事記》無紀年，《日本書紀》作應神十六年，日本學者推算爲285年。《古事記》、《日本書紀》成書時間晚，記載天皇在位七、八十年甚至百年以上，就是日本學者也不敢當作信史看待。有的學者根據《日本書紀》所記「是年，百濟阿花王薨」推測爲405年。這個說法是比較可信的，因爲據朝鮮《三國史記》記載，近肖古王三十年（375年）百濟始設博士，設立博士三十年始有可能培養出像王仁這樣能夠傳播儒學的人才。實際上，早在東漢、曹魏、西晉時期，日本和中國前後有十次使者往返，日本不可能不瞭解中國社會的指導思想孔子思想，《日本書紀》記載，神功皇后親征新羅，「遂入於其國，封

重寶府庫，收圖籍文書」，五年後還帶回許多俘獲的中國人，這也有可能帶回中國的儒家典籍。毫無疑問，在王仁到達日本以前，日本應該有了儒家經典，否則，日本太子是不會知道經典的可貴的，也不會屈尊去拜他國的養馬小臣爲師去學習的。

不論孔子思想以何種方式在何時傳入日本，進入日本後立即受到歡迎是確信無疑的。那時的日本尚未統一，也沒有形成一整套國家機構。孔子思想主張大一統，可以調整社會關係，對於促進日本的統一，加強國家統治是大有裨益的。孔子思想傳入日本不久，宮中就辦起了學問所，以《論語》教育王子和大臣。據中國史籍記載，從413年到502年之間，日本五代國王曾經十三次遣使到中國，並接受中國皇帝給與的倭國王的冊封，聯繫雖然密切，但孔子思想的輸入主要

◉ 漢委奴國王印

漢光武帝賜給日本卑彌呼女王的金印，1784年在福岡出土。

還是來自百濟。雖然中國沒有直接向日本輸出儒學，但是百濟的儒學水準畢竟不高，百濟在向日本輸出儒學的同時向中國尋求幫助，遣使請求中國派遣儒學博士，541年就曾應請派去毛詩博士，以後又派去禮學博士。在向日本輸出儒學上，是中國、百濟接力向日本輸出。

日本直接從中國輸入孔子思想是從遣隋使開始的。600年，第一批日本使者經由朝鮮到達中國，從607年至894年，日本共派出二十二個使團出使中國，其中十六個到達中國。日本使團規模一般都很大，除使者外，還攜帶大批的留學生、學問僧，最多時一次竟達594人。早期的留學生、學問僧許多是中國人的後裔，後期主要是日本人，他們在中國長期研究中國的思想、政治、經濟、文化和中國的政治制度、禮

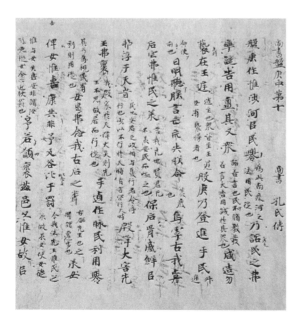

◉ 古文《尚書》抄本

圖說孔子

樂制度以及民風民俗，先進的孔子思想和中國各
方面都使他們受益匪淺。回國後許多人受到重
用，留唐三十三年的日籍漢人後裔高向玄理、
留唐二十五年的新漢人僧旻回國後被任命爲朝廷
的博士（顧問），留唐三十二年的日籍漢人後裔
南淵清安雖然沒有出仕爲官，但他著述百卷，成
爲著名的學者，中大兄皇子、中臣鎌足均拜他爲
師，正是這兩個人進行了日本著名的大化革新。
留學生和學問僧回國時還帶回大批的中國典籍，
據《日本國見在書目》記載，日本當時已有《尚
書》、《易經》、《孝經》等中國典籍1579部
16790卷。

　　就是在這種形勢下，孔子思想在日本進入了
第一個興盛期。這個時期的典型特點是孔子思想
主要影響皇族與貴族等上層政治家，主要作爲治
國理念發揮作用，由於依靠政治力量和行政手段
來推行，所以傳播很快而且影響很大。

　　604年，執政的聖德太子進行改革，制定了《憲法十七
條》，除第二條「篤敬三寶」爲推崇佛教外，其餘十六條全
部反映了儒家理念，「以和爲貴」、「以禮爲先」、「信是
義本」等等。特別重要的是，日本統治者接受了中國儒家的
天命觀和王土王民、仁政、德治等政治思想作爲治國理念。
天皇祭祀時也自稱天子，君權不再只是來自天皇的祖先天照
大神，也來自儒家的至高無上的「天」。《憲法十七條》強
調「國非二君，民無二主，率土兆民，以王爲主」，「君則
天之，臣則地之」，「君言臣承」，官吏要「忠於君」，
用儒家理念來加強天皇的權力；提出「不得聖賢，何以治
國」，官員要「仁於民」，「使民以時」，「勿斂百姓」，
「懲惡勸善」，「背私向公」，提倡仁政德治。在《憲法
十七條》中，許多言詞直接選自儒家經典，如「和爲貴」、

◉ 聖德太子（573年-622年）

二十歲攝政，將孔子思想
確定爲治國理念。

「使民以時」、「王事靡盬」、「上和下睦」、「懲惡勸善」等，由此可見孔子思想影響之深。不僅如此，聖德太子還改革官制，將官階分為十二等，分別以大、小德、仁、禮、信、義、智命名，官階名稱全部採自儒家倫理德目。

聖德太子的改革沒有徹底解決社會危機，七世紀前半期，土地兼併盛行，貴族將山海林野池田占為己有，然後出租給百姓，部落制衰落，貴族爭鬥，部民反抗，國內矛盾日益激化。645年，中大兄皇子、中臣鎌足在留唐歸國的南淵清安、高向玄理、僧

◉ 三聖像
始建於奈良時期的太宰府府學所供奉的孔子、顏回、閔損三人的銅像，現存太宰府天滿宮。

旻的支持下消滅了掌權的大貴族後進行大化改新，建立中央集權制，土地收歸國有，701年，日本制定並頒行《大寶律令》，日本成為律令制國家，逐步過渡到封建社會。

奈良時期（710年—794年）及平安前期（794年—894年）是孔子思想在日本的第一個全盛期。孔子思想被作為治國理念，仿照唐朝實行中央集權制度，實行班田收授法和租庸調製。在社會教化上，國家大力提倡三綱五常和忠孝等儒家倫理觀念，尤其重視提倡孝道，對孝子賢孫給予免除同籍課役或終身田租的獎勵，並表

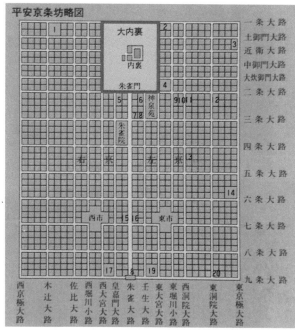

◉ 平城京大學位置圖

圖說孔子

其門閭。日本本來沒有孝的概念，孝是從中國傳入的倫理觀念，所以孝字在日語中只有音讀而沒有訓讀。在教育方面，實行大學和國學兩級教育制度。在首都設立大學寮，地方各國設立國學。大學寮定員四百名，國學按照人口多少定員為五十、四十、三十、二十名。學校教材主要是《周易》、《尚書》、《周禮》、《禮記》、《儀禮》、《毛詩》、《左傳》、《論語》、《孝經》等儒家九經，其中的《論語》、《孝經》為必讀，其他七經為選讀，選讀七經中通二經送太政官考試合格後就可以出仕為官。尊崇孔子為教育始祖，701年開始祭祀孔子，768年仿照唐朝尊稱孔子為文宣王，僅比唐朝晚了二十九年。祭祀孔子被列入國家祀典，每年春秋兩次祭祀，由大學寮的主管大學頭代表天皇致祭。到平安時期，祭祀儀式後，還舉行講經活動，親王以下百官要到大學寮講論儒經，有時天皇還召見博士、學生等入宮就祀典後的講經進行討論。奈良、平安時期的教育非常興盛，除國家所辦的學校外，還有許多私立學校。一種是貴族為本族子弟所建，著名的有821年藤原冬嗣開辦的勸學院、881年在原行平開辦的獎學院等；一種是學者創辦的私塾，著名的有828年空海開辦的綜藝種智院以及菅原、慶滋、大江、善淵等建立的私塾。

日本早期儒家思想是靠與政治結合並依靠政治權力的扶持和提倡成為國家的治國理念和貴族的道德規範的，並沒有深入到民間，所以其興也

⊙ 《春秋》抄本　1139抄。

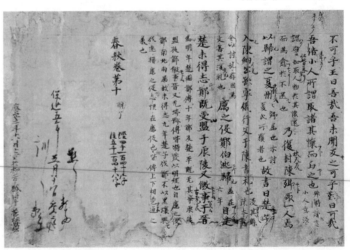

勃，其衰也急。世紀後期日本中央集權制日趨瓦解，外戚專權，土地班田制被破壞，被政治化了的儒學失去了政治支援和社會需求，所以很快就衰落了。大貴族執政，貴族子弟可以通過蔭位和院舉爲官，不需再去大學讀書，學校的地位相應下降；貴族和知識階層喜歡寫作漢詩，主修儒學的明經道地位下降；學校教官世襲化，學問被家族壟斷，儒學成爲明經博士的家業，淪落爲教官家族世代爲生的技藝；這一切更加快了儒學的衰落，到平安後期儒學就徹底衰落了。儒學衰落的最重要的標誌就是學校的衰落。十世紀初，地方國學經費已經非常緊張，春秋祭祀已難舉行，伊勢國學連損毀的孔子像都無力維修，大學寮也好不到哪裏去，經費日絀，無力維修房屋和籌辦祭品，只好靠賣官和募捐來維持，到1163年連祭祀的肉都無力購買，只好全部以青菜爲祭品，1177年，京城一把大火燒毀了大學寮，同時遭火燒的官衙和藤原氏的勸學院都很快進行了重建，而大學寮卻無法重建，只好關門大吉了。

平安以後，社會急劇動盪，皇權旁落，將軍混戰，農民起義，加之對外用兵，日本進入長達四百多年的

◉ 相國寺　京都五山之一。

動亂期，儒家思想也進入長達四百多年的沉寂期。幸運的是，遍地戰火中，還有寺廟一方淨土，日本儒學一縷不絕，全靠僧人維繫。日本從奈良時期，也就是從留唐學問僧開始，僧人就有佛儒兼修的傳統。禪宗傳入日本後，僧人們轉向禪宗，寺院教育「大都不用經典，專以修經（《四書》、《五經》）、史（《史記》、《漢書》）、子（《老子》、《荀子》）、集（詩文集）和作詩爲業」，特別是十三世紀至十六世紀的三百年間，寺院生活完全中國化，使用漢語，聘用中國僧人爲住持，舉行典禮要用漢語，初一、十五的堂上說法必須用漢語，進入禪林也必須通過用漢語進行的考試。禪僧學習漢文經典，寫作漢文詩，形成了以京都、鎌

◉ 足利學校

日本現存最古老的學校。

倉五山禪林爲中心的漢文學，史稱五山文學。此時的日本，世俗文化的主宰者已經由貴族轉向僧侶，僧侶佛儒互補，也成爲新近傳入的理學的學習者和傳播者。

理學傳入日本的時間有多種說法，但在傳入時間上並沒有太大的差別，都在十二世紀末至十三世紀初。理學傳入日本時，正是日本社會發生重大變革的歷史時期。1192年建立的鎌倉幕府，開創了武士專政的新時代，以幕府將軍爲代表的武家要建立自己的思想文化以戰勝以京都朝廷爲代表的公家思想文化，必須尋找新的思想作爲自己的理論基礎，新近傳入日本的禪宗和理學就應運成爲武家的思想武器。

中國宋代理學本來就是爲因應外來佛教和本土產生的道教的挑戰而發展起來的儒家新思潮，理學家們在晚唐以來的動亂以後，創造性地闡釋儒家經典，以孔子內聖外王之學爲標準，將傳統儒學的倫理道德、價值理想與形上學的本體論結合統一起來，以解決人們的生命價值問題、存在意義問題、道德與人格完善問題，力圖重建社會秩序，實現天下的

◉ 足利學校的孔子像　1535年造。

統一與安定，這種思想也非常適合動
亂中的日本社會。

在日本當時的社會中佛教的影響
非常大，但是在政治思想上儒家思想
的影響更大。在中國，禪宗思想本來
就是引儒入佛，理學本來就是引佛入
儒，兩者可以說是互相借鑒。禪宗思
想要在日本得到發展，獲得社會和大
眾的認可，找到信仰物件，就更需要
借儒說禪，所以不論日本本土僧人、
遊宋僧人還是中國渡日僧人都是借儒
說禪，禪學中包含理學，理學在日本
的初期主要是靠禪僧學習和傳播的。

理學在日本的發揮作用，仍然是
步漢唐經學的後塵，採用通過影響上
層政治家進而影響社會的途徑。訪宋
歸來的圓爾辨圓1257年最早向幕府執權

◉ 足利學校　文廟的大成殿現存建築為1671年建。

北条時賴講授含有二程學說內容的南宋人圭堂所著的《大明錄》，但這只是借禪說儒。義堂周信（1325年—1388年）1380年向室町幕府將軍足利義滿進講《中庸》和《孟子》，標誌著理學經過一百多年的傳播已經拋開禪學的外衣而獨立。最早向京都皇室傳授理學的是清源賴業，他曾為高倉天皇進講過《大學》、《中庸》，但影響不是甚大。理學真正在京都朝廷產生影響是在十四世紀初，玄惠法印為天皇進講程朱理學，花園天皇自稱研究理學七、八年，與玄惠法印及其弟子日野資朝討論理學有「始逢知己」之感，「終夜必談之，至曉鐘不怠睡」，「近日禁里之風，即是宋朝之義也」，宋朝理學已經統治了宮廷。

到十四世紀中期，理學逐漸脫擺了佛教的影響而獨立，也逐步取代了漢唐經學成為社會的指導思想。此時，不論公家還是武家都已認識到理學在治國安民方面的價值。天皇為奪回被幕府奪去的權力，大力提倡理學，以三綱五常、大義名分激勵朝臣氣節，致使「凡近日朝臣多以儒教立身」，「近日禁里頻傳道德儒教事」。後醍醐天皇終於在「只依《周易》、《論》、《孟》、《大學》、《中庸》立義者」

◉ 東京湯島聖堂大成殿

的北畠親房、日野資朝、日野俊基等朝臣的支持下打倒了鐮倉幕府，雖然只是實現了短暫的建武中興，成果被室町幕府所奪取，但已經充分顯示了理學在政治上的作用。武家也大力提倡理學，室町幕府將軍足利義滿崇信理學，跟隨義堂周信學習《大學》、《中庸》、《孟子》等理學著作，地方諸侯如周防的大內氏、越前的朝倉氏都熱心學習理學，大力提倡理學。

十五世紀是理學在日本傳播最快的時期，理學著作被大量印刷並開始向地方擴散，大量的理學著作被和訓和點，理學研究著作湧現，理學學派開始產生。十三世紀中期日本複刻出版了第一部理學著作朱熹的《論語集注》後，兩百多年再未出版發行過任何理學著作，1481年桂庵玄樹在薩摩翻印《大學章句》後理學著作才開始大量印刷發行。中國典籍傳入後日本人都是依照中國人的讀音讀法直接來讀，學習很困難，為解決這個問題，有人就在漢語原著上按照每一個漢字的訓詁意義標注上日文假名，變漢語直讀為譯讀，這就是和訓。十五世紀初期，歧陽方秀首先將《四書集注》進行和訓，其弟子桂庵玄樹在1501年出版了《四書五經古注和新注的作者及其句讀》，統一了《四書》、《五經》的訓點，其後薩南派的文之玄昌出版了《周易大全倭點》、《素書訓點》等和訓和點理學著作。有關理學的研究早在理學傳入後不久就出現了，但主要出現在禪僧的語錄中，反映了禪僧對理學的理解和闡述。十四世紀出現了關於理學的論文，十五世紀開始出現研究理學的專門著作，到十五世紀中後期就在京都形成了以歧陽方秀為代表的京師學派、在四國形成了以南村梅軒為代表的海南學派、在薩摩形成了以桂庵玄樹為代表的薩南學派，此外還形成了以清原業忠、一条兼良為代表的公卿博士派。

◎ 日本現存的宋版儒家經典

圖說孔子

　　歷經三百多年的傳播發展，理學越來越深入人心，到十七世紀終於成爲了日本社會的統治思想，進入了儒家思想在日本的第二個興盛期。

　　1603年，德川家康消滅了割據勢力，統一了全國。爲鞏固統一，加強集權，建立了自上而下從征夷大將軍到大名到武士再到士、農、工、商一整套等級身分制度，幕府將全國土地收歸己有，再將部分土地分封給諸侯大名和幕府直屬武士，大名又將領地年貢分給自己的陪臣，陪臣又將自己的俸祿分給自己的家臣，將軍、大名和武士通過領地和祿米的層層分封結成君臣、主從關係。爲了維護這種制度，幕府需要尋求一種思想作爲理論基礎。德川家康深受理學的影響，他曾說：「予常聞儒生講經書，深知欲爲天下之主者不可不通《四書》之理，既不能全通，亦當熟玩《孟子》一書。」所以統一全國後，選用主張大一統、提倡大義名分、反對犯上作亂、主張富貴貧賤皆命數、把三綱五常絕對化的理學作爲統治思想，大力提倡理學，定朱子學爲官學。幕府將朱子學以外的思想、學派稱爲異學，寬政二年（1790年）、七年曾兩次下令禁止異學。

　　幕府以朱子學作爲統治思想，所以歷代將軍都大力提倡朱子學。第一代將軍德川家康大量刊行《論語》、《周易》等儒家經典，同時重用朱子學者。開創日本朱子學派的林羅山被委以重任，參與幕府機要，爲幕府的內政外交出謀劃策，先後擔任四代將軍的政治顧問，他的後代世世擔任幕府的儒官，主管幕府學校，日本朱子學也就成了林氏的家學。五代將軍綱吉尤其重視儒學，八年之間曾親自向大名、公卿二百四十次講解《四書》、《孝經》、《周

⊙ 林羅山像（1583年-1657年）
日本著名的朱子學家。

易》等儒家經典，並刊印《四書集注》分發給聽講諸臣和各個寺社。十一代將軍家齊創建幕府直屬學校昌平阪學問所，教育幕府臣僚和他們的子弟，並接受各藩推薦的學生，全盛時期，僅各藩推薦就學的學生就達五百多人。幕府還創辦了學習院，專門教育朝臣，爲他們講授《四書》、《尚書》、《詩經》、《孝經》等儒家經典。

◉ 鶴崗藩校致道館

被剝奪了統治權力而只保留了象徵意義的天皇也不甘寂寞，紛紛大力提倡儒學。後陽成天皇下詔刊行《四書》、《五經》，後水尾天皇命南浦文之倭點《四書》，後光明天皇命學者進講《中庸》、《周易》，刊行《性理大全》，建設孔子廟，靈元天皇在東山文庫親自繪畫孔子像並撰寫贊詞。

在將軍、朝廷的影響下，分封在各地的諸侯大名也紛紛大力提倡儒學，興建學校，傳授儒學。尾張藩主德川義直重用流亡日本的明朝學者陳元贇，並首先建設藩設孔子廟和名古屋學問所，其後被各藩所仿效。南部藩於1636年建立了文武稽古所，閑谷藩於1641年創建了花畠學舍，1671年又建設了閑谷學校，到十九世紀

◉ 日本藩校示意圖

中期，日本全國先後共建起了284所藩校。除大名外，支藩藩主、小的領主甚至藩臣也建起了自己的學校。在官辦學校的熱潮中，著名學者也紛紛創辦私塾，其中著名的有中江藤樹的藤樹書院、伊藤仁齋的古義堂、松本新道的松下村塾等。地方熱心人士興建了眾多的鄉學、寺子屋，全盛時期，日本全國建有鄉學108所，私塾、寺子屋10546所。藩校一般只教育武士子弟，私塾、寺子屋主要教育平民子弟。藩校文武兼修，文科教材主要是《四書》、《五經》、《孝經》、《左傳》儒家經典和《史記》、《資治通鑑》、《文選》、《唐詩選》等文史書籍。寺子屋一般學習《小學》、《四書》、《五經》等。

德川幕府非常重視以儒家倫理進行社會教化，將中國清朝順治皇帝頒佈的具有「孝順父母、尊敬長上、和睦鄉里、各安生理、勿作非爲」等內容的《六諭衍義》翻譯成日文頒

◉ 藤樹書院

陽明學者中江藤樹（1608-1648）講學處，在滋賀縣高島郡。

◉ 日新館

會津藩校，1801年建，1868年毀於戰火，1987年重建。

發全國，同時還刊印頒發了中國的《朱柏廬治家格言》和日本室鳩巢的《明君家訓》，刊印編寫了針對武士、商人、婦女、兒童的《武士訓》、《商人須知》、《女四書》、《女仁義物語》、《和俗童子訓》等上百種通俗讀物，編印了《皇和表忠錄》、《大倭二十四孝》、《本朝列女傳》等幾十種宣揚忠孝節義的書籍。

中國儒家思想輸入日本後，經過統治者的提倡，學者的研究，教育的普及，到江戶時期終於造成了日本儒學人才輩出，學術繁榮，相繼出現了朱子學派、古學派、陽明學派、水戶學派、折衷學派、考證學派等學術派別，這是日本儒學的第一個學術繁榮期。

◉ 伊藤家族墓地

伊藤仁齋（1627年-1705年）開創古義學派。

◉ 沖繩孔廟

沖繩原為中山國，從明朝開始接受中國冊封，十九世紀納入日本版圖。

在舉國學習儒學的熱潮中，日本也按照中國崇德報功的傳統，各地紛紛建設孔子廟，祭祀孔子。幕府重臣林羅山於1632年在幕府駐地江戶（今東京）建設了孔子廟，1660年三代將軍家光首先專程拜謁孔子，此後上自幕府征夷大將軍，下至大名、武士以及平民百姓都向孔子頂禮膜拜。

明治維新，政教分離，深受西方影響的知識分子大力宣揚西方的自由主義，批判儒家思想，儒學喪失了統治地位。但是，日本的資產階級革命並不徹底，繼續保留了濃厚的封建殘餘，明治政府以「和魂洋用」作爲教育宗旨，堅持以儒家思想對學生進行思想和道德品質教育，稍爲消沉的儒學又興旺起來。

二次世界大戰後，儒學在日本仍然受到重視，現在的學校教科書中保留了許多孔子思想的內容，中學《國語》教材一般選擇《論語》三十章左右，《孟子》十章左右，輔助教材《論語、孟子抄》一般抄選《論語》五十至七十章，《孟子》二十章左右，兩者相加，《論語》能選到20%，《孟子》能選到10%。教科書所選孔子思想的內容比中國都要多。

◉ 金蘭之家

在和歌山縣，定期講授孔子思想。

◉ 日本企業家在上《論語》課

孔子思想在越南的傳播與影響

「威儀共秉周家禮，學問同尊孔氏書」，與中國山水相連的越南是孔子思想傳入最早、影響最深最大的國家之一。

孔子思想在越南的傳播與影響的歷史比較獨特，越南在939年獨立以前，北半部一直屬於中國管轄，孔子思想的傳播與影響也主要在北半部，越南獨立後，孔子思想的傳播與影響也隨著越南的向南推進逐漸向南發展。越南獨立前，中國政府派遣官員前往治理，採用和中國基本相同的管

◉ 孔子像

現供奉在河內國子監文廟大成殿內。

◉ 河內文廟廟門

理方式，孔子思想的傳播與影響也基本與中國相同，推行傳播主要是由中國人來進行的；越南獨立後，在政治、文化、經濟等方面採用與中國相同或相似的制度，孔子思想逐漸從治國理念發展成為統治思想，推行傳播的主角變成了越南人。但不論中國人還是越南人，推行孔子思想的結果是促進了越南文化、經濟等全面進步，對越南的社會發展作出了重要貢獻。

　　秦始皇時，中國勢力已經進入越南北半部，秦朝在越南設立象郡，派遣官員前往治理，同時還發遷內地罪人與本地人雜居。秦末動亂之際，秦朝派遣的官吏南海龍川令、代理南海尉趙佗趁機自立為南越王，建立南越國（前207年—前111年），占領了南海、桂林和象郡，轄境相當於現在的廣東、廣西和越南中部和北部。趙佗是中國河北真定人，在位七十一年，對漢稱臣。越南史學家黎嵩說他「武功懾乎蠻叢，文教振乎象郡，以詩書而化訓

◉ 趙佗（？-前137年）

建立南越國，西元前九十六年臣服於漢。

◉ 越王臺

在廣東龍川縣佗城鎮。

國俗，以仁義而固結人心」
（《越鑒通考總論》），以
孔子思想爲治理理念，用孔
子思想教化人民，這說明，
早在西元前三世紀末孔子思
想就已經進入越南，並且成
爲教化團結人民、移風易俗
的工具。

　　漢武帝滅掉南越國，
在越南北部設置交趾、九
真、日南三郡二十二縣，
將越南北部正式納入中國版圖千餘
年。趙佗雖然用孔子思想治理越南，
但時間很短，而且範圍有限，西漢時
越南社會仍然很落後，「駱越之民無
嫁娶禮法，各因淫好，無適對匹，不
識父子之性，夫婦之道」，「以漁獵
爲業，不事耕種」，大多地區仍處在
原始社會階段，所以前往治理的中國
官員都注意用先進的中國禮樂文化進
行教化。西漢末年、東漢初年，孔子
思想在越南的傳播進入第一個高潮。
此時錫光擔任交趾太守，任延擔任九
真太守，治理時「乃教其耕犂，使之
冠履，爲設媒官，始知聘娶，建立學
校，導之禮儀」，同時將避亂南遷的
中原移民「雜居其間，用稍知語言，
漸見禮化」，用中國先進的衣冠文
物、婚姻制度和孔子思想改造越南尚
未開化的風俗，因此大受越南人民的

◎ 私塾課子圖

越南民間儒學教育十分普及。

歡迎。任延本來就是博通儒學的學
者，當然要用孔子思想教化人民，治
理九真四年，卸任北歸後「九真人爲
之立祠，其生子皆名曰『任』焉」。
經過錫光、任延等中國官吏的教育，
越南人到東漢時期就出現了許多人
才，越南人可以和中原人一樣考取茂
才，薦舉孝廉，出仕爲官，越南人李
琴曾官至司隸校尉，負責糾察首都百
官、外戚、諸侯，與尚書令、御史中
丞同是朝中最顯赫的高官之一。

　　三國至南朝時期是孔子思想在越
南傳播的第二個高潮。漢末以後，中
原地區進入長達三百多年的動亂，而
越南北部卻成爲遠離戰火的一方淨
土，大量中原士子南下避亂，儒學學
者許慈、許靖、劉熙、薛綜、程秉等
都曾避難越南，學者的南遷加快了儒

學的傳播。更重要的是，其間有許多賢良官員出任地方行政長官，陶璜四世五人出任交州刺史，多行善政，卓有政績，杜惠度父子兩任刺史，擊退南方林邑的多次入侵，保護了交州的安寧，「惠度布衣蔬食，儉約質素，……禁斷淫祀，崇修學校」，守土愛民，以禮樂進行教化。第二個高潮的代表是士燮（137年—236年），他祖籍魯國汶陽，出生在越南，少年遊學洛陽，通《左傳》和古今《尚書》，名揚京師，舉孝廉，中茂才，187年出任交趾太守。交州刺史朱符貪婪暴虐被殺，州郡動亂。士燮收拾殘局，趁機奪取交州權力，三個弟弟也分別擔任了合浦、南海、九真太守，兄弟合力安定了交州。士燮任職交州四十多年，以孔子思想教化人民，保全一方，深受越南人民愛戴，被越南人民稱為「士王」，立廟祭祀。越南《四字經》歌頌說「三國吳時，士王為牧，教以詩書，薰陶美俗」，《越鑑通考總論》評價說「士王習魯國風流，學問博洽，謙虛下士，化國俗以詩禮，淑人心以禮樂，治國逾四十年，境內無事」，古代史學家吳士連評價說「我國通詩書，習禮樂，為文獻之邦，自士王始。其功德特施於當時，而有以遠及於後代」。

　　隋唐時期是孔子思想在越南傳播的第三個高潮。隋唐都是強大的大一統帝國，加強了對越南的治理，建立了完備的地方軍政機構。隋代平定了李佛子的叛亂，打退了南方林邑的進攻，還一度攻破林邑，將林邑納入中國版圖，在林邑故地設置三郡十二縣，在越南設立交州道行軍總管府，統一管理越南事物。唐承隋制，在越南設置交州總管府、都督府，622年改稱安南都護

◎ 國子監文廟廟門

◎ 劉禹錫像（772年–842年）
唐代文學家、哲學家。

府，從此越南又稱安南。隋唐時期由於中國實行了科舉制度，官員大都具有較高的文化素養，派往越南的官員大都大力提倡文教，唐貞觀四年下令州縣學校都要設立孔子廟，越南也大興學校，所以孔子思想的普及更加廣泛。前往越南治理的循吏有隋代大將軍令狐熙，在越南「爲建城邑，開設學校，華夷感激，稱爲大化」，唐代安南都護馬總「廉清不撓，用儒術教其俗，政事嘉美，獠夷安之」，交趾令王福時（詩人王勃之父）「大興文教，士民德之，至今祀之，號王夫子祠」。唐代時，中國和越南的文人交往頻繁，唐初著名詩人杜審言（杜甫祖父）、沈佺期曾被流放越南，中晚唐詩人劉禹錫、韓偓也曾到過越南，安南都護高駢擊敗南詔，保護了越南安全，位高望重，詩作被越南人當作範本；越南士子也北上中原，安南詩人裴泰北上擔任唐朝中書舍人，南下擔任安南都護，無礙上人、黃知新遊學中原，與詩人王維、賈島詩文唱和。

通過中國官吏的教化和兩國學者的交流，越南文化水準上升很快，唐朝也准許越南士子參加科舉考試，考試合格，可以在中原爲官。越南人姜公輔進士及第，官至中書門下平章事，成爲中國出身在越南的第一位宰相。

晚唐時期，中原社會動亂，無力顧及越南，越南土豪趁機割據，曲氏、楊氏、矯氏、吳氏相繼稱雄，互相攻戰，963年丁部領消滅了十二使君，統一了越南北部，968年建立獨立政權大瞿越，但國祚很短，十二年後

 河內文廟對聯

被黎桓取代，建立前黎朝，二十九年後前黎朝又被李公蘊取代，建立了李朝。

越南雖然獨立了，但直到中法戰爭以前一直奉中國為宗主國，國王接受中國皇帝的冊封。

越南獨立初期的兩朝雖然時間很短，但由於長期受孔子思想的影響還是推崇儒家思想，丁廢帝曾觀明堂辟雍，黎龍鋌曾向宋朝請求頒給儒家九經，宋真宗按照要求如數賜給。

◉ 河內國子監大成殿殿庭

李朝開國君主李公蘊僧侶出身，年輕時「不事生產作業，惟涉獵經史，慷慨有大志」，頗通儒學，所以即位後以佛教為國教，以孔子思想為治國理念，仿造中國官制設立中央和地方各級政權。後世子孫按照儒家重農主張發展農業生產，以忠孝觀念治軍平叛，以儒家倫理教化人民，向宋朝求購儒家經典，大興學校，1075年開始實行科舉制度，1070年建廟祭祀孔子，孔子思想在獨立後的越南形成了第一個興盛期。

陳朝（1225年—1400年）非常重視儒學，皇帝親自學習儒家思想，聖宗「詔求賢良明經者為國子監司業，能講論四書五經之義者入仕經幄」，英宗「命天章學士阮士固講五經」，命通曉儒家思想的學者為自己授課；陳朝皇帝非常重視皇室教育，尤其重視對皇太子進行系統的儒學教育，太宗「親寫銘文，賜諸皇子，教以忠孝和遜、溫良恭儉」，聖宗「選天下儒學有德行者入仕東宮」，明宗征拜理學家朱安為國子監司業「授太子經」，對皇子、皇太子系統進行儒學教育更好地保證國家用儒家思想作為治國理念。大力

◉ 朱安像（1292年－1370年）

越南理學家，從祀文廟。

興辦學校，將官辦學校推廣到地方州鎮，繼續推行科舉制度，重用儒學學者，雖然宰相必用宗室貴族，但也必須選用「有道義、通詩書者爲之」。國家尊儒重道，提倡儒學，越南的儒學水準也大有提高，出現了朱安、張文超、杜子平、黎文休等一批儒學家，其中尤以朱安最爲著名，他所著的《四書說約》是越南最著名的理學著作，因此被稱爲越儒宗。朱安、張文超、黎文休、黎括等極力排斥佛教，佛教地位逐漸下降，儒學的政治地位逐漸上升，儒學終於取代佛教成爲國家的統治思想。朱安、張文超揚儒斥佛有功，分別於1370年、1372年被允許從祀孔子廟。越南進入了獨立後的第二個興盛期。

1400年外戚胡季犛依靠宮廷政變奪取政權，建國號爲大虞，但史家一般稱爲胡朝。胡季是一位很有思想的政治家，他推崇周公，貶抑孔子，稱韓愈爲盜儒，說周敦頤、二程、朱熹等「學博而才疏，不切事情而務爲剽竊」，立國雖然只有七年，但釐定科舉辦法，仿照元朝進行考試。胡朝建國後大力改革，但操之過急，激起了社會矛盾，加之連年對外用兵，騷擾明朝邊境且耍弄手腕，終於迫使明朝出兵滅掉了胡朝，因爲陳朝皇帝的子嗣已被胡季殺光，無法選立新國主，

◉ 海陽文廟

明朝將越南納入中國版圖，派遣官員前去治理。明朝占領越南雖然只有短短的二十一年，卻使儒家思想更加普及深入，明朝命府、州、縣建立學校文廟，將學校由原來的州鎮推向了縣，向每所學校頒發《四書》、《五經》、《性理大全》、《孝順事實》、《爲善陰騭》等儒學經典和倫理通俗讀物，命學校按照中國制度向國家選送貢生，從選拔的九千多名「明經博學、賢良方正、孝弟力田」人士挑選擔任越南各級政權官吏。

從後黎朝（1428年—1527年，1533年—1789年）開始，儒家思想在越南進入全盛期，成爲國家的統治思想。歷朝無不大力提倡儒家倫理，莫朝（1527年—1677年）開國君主莫登庸認爲「三綱五常，扶植天地之棟幹，奠安生民之柱石，國而無此，則中

夏而夷狄，人而無此，則衣裳而禽獸。自古至今，未有舍此而能立於覆載之間也」，因此國家大力提倡綱常倫理。黎聖宗制定頒佈的《激勸忠義令》和《二十四條倫理》、黎玄宗頒發的《申明教化四十七條》、黎嘉宗的訓誡百官都突出提倡忠孝節義。後黎朝和割據政權莫

⊙ 進士題名碑

河內國子監現存進士題名碑八十二通，順化國子監存三十六通。

朝、鄭主（1539年—1787年）、西山阮朝（1778年—1802年）以及其後的阮朝（1802年—1907年）無不大興學校，大興科舉，後黎朝1514年的那次會試應試舉人竟多達五千七百人，而取中進士只有可憐的四十三人。為鼓勵士子學習，科舉考試後，皇帝親自召見新科進士，賜官賜宴，命鼓樂導引，良馬送回府第，又命刻名立碑於國子監。國家獨尊儒術，孔子地位空前提高，孔子廟（文廟）遍及越南全國，縣以上城市無不建設孔子廟，每年春秋都要舉行釋奠大祭，皇帝有時也親自去文廟行禮。

　　1884年，越南淪為法國的殖民地，但越南人民並沒有屈服，在鄉官吏和舉人以忠君愛國相號召，組織人民進行勤王抗法鬥爭，雖然鬥爭只堅持了三年，但還是給法國殖民者以沉重的打擊。殖民者力圖消滅越南的民族意識和傳統文化，將矛頭指向已經成為越南民族思想文

⊙ 進士榮歸圖

◉ 順化國子監

順化國子監

越南最後一個王朝阮朝的
最高學府。

立漢學院，經學爲
主，詞章爲輔，專門
培養漢學人才。儒學
研究非常活躍，成立
了孔學會等學術團
體，翻譯出版儒學書
籍，編印儒學刊物，
維修新建文廟，恢復
祭孔活動，以孔子誕辰爲教師節，全
國放假一天，將西貢的兩條大街分別
命名爲孔子大道、孟子大道。北方由
於共產黨早期以反帝反封建爲號召，
將孔孟哲學列爲批判物件。但是奪取
政權後，逐步正確對待傳統思想和文
化。胡志明早年深受儒家思想影響，

化主幹的儒家思想，將研究、提倡儒
家思想的學者指爲親華派嚴厲打擊，
1917年頒佈法令廢除科舉，廢除漢字和
以漢字爲基礎創造的越南喃文，強令
越南人民使用拼音文字。但一些世家
大族仍然堅持學習儒學，有的學者公
開讚頌孔子及其思想，有的學者爲適
應拼音文字的新形
勢，將《四書》、
《五經》翻譯成新
文字，用新文字撰
寫介紹、研究儒家
思想的著作。

　　第二次世界大
戰以後，越南分
爲南北兩部分。南
方仍然堅持尊孔讀
經，中學開設漢學
課程，順化大學設

◎ 會安文廟泮池

他認為「孔子學說優點在於個人的道德修養」，「其精華我們應該好好學習」，用孔子的仁、義、智、勇、廉概括革命幹部的人格，用「忠於黨，孝於民」教導軍人。革新開放以來，針對西方文明帶來的弊端，越南也越來越重視儒家思想在民族文化和現代化建設中的作用，將孔子思想當作民族思想文化的一部分，越南黨和國家領導人也到文廟孔子像前上香。

在歷史上，孔子思想推動了越南社會、政治、經濟、文化的全面發展，對越南民族思想、文化、道德、倫理以致民風民俗的形成都發揮了重要作用，在革新開放的今天，孔子思想對越南的建設還在發揮著作用。

◉ 胡志明市的孔子像
　　位於原孔子大道上。

◉ 胡志明在曲阜
　　1965年5月19日，胡志明專程到曲阜參觀。

◉ 整修一新的河內國子監

孔子思想在歐美的傳播與影響

◉ 孔子像
在美國洛杉磯加州大學內。

孔子思想是由來華的歐洲傳教士引入歐洲的。十六世紀，歐洲傳教士來到中國，他們來華的目的本來是傳播耶穌教，但是來華後他們發現，要讓中國人信奉他們的天主是何等的艱難。深受孔子思想影響兩千年的中國人最相信孔子，雖然也有人信奉土生土長的道教和經過改造的佛教，但這些宗教的影響和孔子思想是不能同日而語的。傳教士要使中國人信奉耶穌，就必須要瞭解中國人的思想文化，因此就逼得傳教士們不得不研究孔子的思想，研究中國的文化。而研究孔子思想和中國文化的結果，使得傳教士們發現了一個全新的思想文化領域，他們忍不住要把中國的思想、文化、政治、經濟和社會各個方面的情況介紹給歐洲人，孔子思想因此被引入歐洲。

孔子思想傳入歐美的時間比較晚，雖然沒有像在中國近鄰那樣產生重大的決定性的影響，但對西方思想文化的發展還是產生了一定的影響。

義大利

義大利是最早接觸孔子思想並把孔子思想引入本國的西方國家。1265

◉ 馬可·波羅像

年，威尼斯商人尼科羅、馬菲奧兄弟經商來到元朝大都，1275年作為蒙古大使的副手在向羅馬教廷遞交了國書後帶著兒子馬可‧波羅重又回到了中國，馬可‧波羅回國後所作的《馬可‧波羅遊記》使眾多的西方人第一次瞭解了中國。

將孔子思想最早引入西方的是義大利的傳教士。1579年第一個來華的傳教士羅明堅進入了澳門，但沒有產生多大的影響，產生影響最大的是三年後進入中國的利瑪竇（1552年—1610年）。利瑪竇進入中國後發現傳教非常困難，就轉而研究儒家思想，「遂僦館延師讀儒書，不一二年，四書五經皆通大義」，瞭解了儒學，他尊敬孔子，尊重儒學，為便於接近中國官員和士大夫，他變服易裝，穿儒服，戴儒冠，自稱儒者，撰寫《天學實義》，用儒家思想附會、論證天主教義，向中國人介紹天教，撰寫《基督教傳入中國史》，向歐洲人詳細

◉ 利瑪竇與徐光啟

介紹孔子思想，此書先後被譯成義大利文、拉丁文、法文、德文、西班牙文出版，在歐洲社會和思想界引起強烈反響，西方學者認為它對「歐洲文學、科學、哲學、宗教及生活方面的影響或許要超過十七世紀其他任何的史學著作」，同時利瑪竇還將《四書》翻譯成拉丁文，這是西方翻譯的第一部儒家經典。利瑪竇在華二十八年，最後客死中國，在華期間共撰寫和翻譯漢語著作十九種，對東西方文化的溝通作出了重要貢獻。

受利瑪竇的影響，許多義大利傳教士接踵來到中國，他們大多主張將天主教義和儒家思想相調和，一手拿聖經，一手拿儒經，向中國人傳播天主教義，向歐洲人介紹孔子思想。這些傳教士或翻譯儒家經典，或著書介紹孔子及儒學。利瑪竇的弟子金尼閣於1626年率先將《五經》譯成拉丁文，1613年來華的艾儒略在華著述三十多種，對《四書》、《五經》很有研究。1659年來華的殷鐸澤翻譯了《論語》、《大

◉ 利瑪竇墓在北京

《大學》、《孝經》、《朱子小學》、《三字經》等書編寫了《華學進境》，向義大利人宣傳介紹儒家思想。

孔子思想在義大利其興也勃，其衰也急，由於義大利在東方沒有殖民地，對東方文化不夠重視，孔子思想的研究也就逐漸衰落，得風氣之先的義大利的儒學研究也就逐漸被法國、英國、德國所超過。

學》和《中庸》，並用拉丁文和法文撰寫了《孔子傳略》。1687年，法國國王路易十四敕令編印出版的由五位傳教士合著的《中國之哲人孔子》，對整個歐洲都產生了重大影響，歐洲學術界也開始承認孔子在哲學、政治學、倫理道德等方面的學術地位。

歐洲傳教士的翻譯和著述使歐洲人瞭解了孔子和儒家思想，並在歐洲形成了一股中國熱，而孔子思想和中國文化使歐洲的資產階級思想啓蒙家「發現了一個嶄新的精神和物質世界」，孔子思想的非宗教性傾向爲資產階級反對封建專制提供了思想武器。

除義大利人外，隨傳教士來到義大利的中國人對介紹孔子思想也作出了一定的貢獻，1869年，中國人郭棟臣在義大利教授中文，雜取《論語》、

SUPERCLASSICI
BIBLIOTECA UNIVERSALE RIZZOLI

CONFUCIO
I Dialoghi

I PREZIOSI INSEGNAMENTI
DEL GRANDE SAGGIO CINESE

INTRODUZIONE DI PIETRO CITATI

◉ 義大利文版《論語》

法國

　　法國是歐洲孔子思想影響最大的國家，也是孔子思想傳入僅晚於義大利的歐洲國家。最早將孔子思想引入法國的是來華傳教士金尼閣，他是利瑪竇的弟子，1611年進入中國，1626年將五經譯成拉丁文。1688年，法國國王路易十四同時派遣張誠、白晉、李明、劉應、洪若翰五位傳教士前往中國，他們同時帶來西方的科學知識，吸引了康熙皇帝，得到康熙皇帝的信任和重用，借機宣傳天主教義與孔子等中國傳統思想並無矛盾。其中白晉在中國生活四十多年，並長期在清朝宮廷任職。

　　法國之所以成為歐州孔子思想影響最深的國家，是因為法國翻譯的中國經典最多，除儒家經典外，還翻譯了許多文史作品。翻譯成法文的有《五經》、《四書》、《孝經》等儒家經典，《通志》、《文獻通考》、《通鑑綱目》等史志書籍，《趙氏孤兒》、《玉嬌梨》等文藝作品，《三字經》、《千字文》等啟蒙讀物。傳教士們除翻譯中國典籍外，還紛紛著書立說，在巴黎出版的《中華帝國全志》（竺赫德著，1735年出版）、《耶穌會士書簡集》、《北京耶穌會士中國紀要》三書被稱為關於中國的三大名著，《中華帝國全志》還被譯成英語、德語、俄語出版，在西方造成很大影響。法國傳教士還大量蒐集中國典籍運回法國，中國旅法的學者也紛紛著書介紹中國古代的文學、史學和科學。

　　孔子思想傳入法國後引起強烈反響，在十八世紀的法國，上自王公貴族，下至平民百姓，爭相瞭解、談論中國，對中國的哲學、文學、藝術、政治學、倫理學、經濟學、教育學都表現出濃厚的興趣，以致形成了中國熱。

　　受孔子思想影響最大的是法國的啟蒙思想家。十八世紀，資產階級的啟蒙思想家們高舉理性的旗幟，向封建專制制度和封建神權發起猛烈進攻，為資產階級革命作思想準

備。正如伏爾泰所說，他們從以孔子思想爲主幹的中國古代燦爛文化那裏「發現了一個嶄新的精神和物質的世界」，儒家無神論的哲學思想，仁政德治的政治思想，融政治與道德爲一體的倫理思想，重農輕商的經濟思想，爲他們反對封建專制和神權提供了借鑒和武器。百科全書派的領袖霍爾巴赫（1723年—1789年）反對法國和歐洲的君主專制制度，推崇孔子以德治國的政治主張，「在中國，理性對於君主的權力發生了不可思議的效果，建立於真理之永久基礎上的聖人孔子的道德卻能使中國的征服者亦爲所征服」，「國家的繁榮，須依靠道德」，「歐洲政府非學中國不可」。百科全書主編狄德羅認爲儒教只需以「理性」或「真理」就可以治國平天下，讚美孔子思想簡潔實用。重農學派的領袖魁奈（1694年—1774年）推崇儒家重農輕商的主張，「農人窮困則國家窮困，國家窮困則國王窮困」，由於他的提倡，法國國王路易十五於1756年仿效中國皇帝舉行親耕籍田的儀式。魁奈還推崇孔

⊙ 狄德羅（1713年-1784年）

法國哲學家、文學家、啟蒙思想家。

子舉賢才的主張和中國的科舉制度，科舉制度「使工匠的子弟也能當上總督」。魁奈十分佩服孔子，他評論《論語》二十章說，「它們都是討論善政、道德及美事，此集滿載原理及德行之言，勝過於希臘七聖之語」。由於他對孔子思想深有研究和大力推崇，以致被稱爲「歐洲的孔夫子」。

法國最推崇孔子及其思想的是啓蒙思想家伏爾泰（1694年—1778年）。他曾經精讀了儒家經典和介紹孔子及其思想的著作，認爲中國的政治、哲學、道德、科學完美無缺，「我們不能像中國人一樣這真是大不幸」；認爲孔子的倫理道德和規範指導著從統治者到平民百姓修身、齊家、治國、平天下，中國才能國泰民安，萬里長城未能阻擋住的外族人入主中原後也都被中原文明所征服。他主張法國也應當用儒家之道來治國，「孔子常說仁義，若使人們實行此種道德，世上就不會有什麼鬥爭了」。他十分敬重

圖說孔子

孔子，認爲孔子只講道德不講鬼神，要比基督高明得多，基督只是禁人行惡，而孔子教人行善。在他的《哲學辭典》中，他引用了孔子的七句格言後說，「多麼可悲，西方人也許應該感到羞愧，……竟要到東方找到一位智者，……他在西元前六百餘年便教導人們如何幸福地生活，……這位智者便是孔子，……自他以後，普天之下有誰提出過更好的行爲準則」，「普遍的理性抑制了人們的欲望，把『己所不欲，勿施於人』這條法則銘刻在每個人的心中」。所以他把孔子的畫像掛在自己的禮拜堂內朝夕禮拜，並作詩讚頌孔子說「子所言者惟理性，天下不惑心則明。實乃賢者非先知，國人世人俱篤信」。

孔子思想對法國資產階級革命產生了重大影響，1793年制定的《人權和公民權宣言》明確宣示，「自由是屬於所有的人做一切不損害他人權利之事的權利，其原則爲自然，其規則爲正義，其保障爲法律，其道德界限則在下述格言之中：「己所不欲，勿施於人」，孔子的格言成爲自由的道德界限。需要指出的是，法國資產階級啓蒙思想家們爲了他們反對封建專制和神權的需要將孔子的思想高度理想化，將孔子的思想進行了加工、拔高和美化，這與孔子思想及其在中國歷史上的作用是有一定差距的。

直到二十世紀中期，法國還是儒家思想研究最有成果的歐美國家，出現了許多以研究儒家經典著稱的漢學家。現在法國的儒學研究雖然趕不上美國，但在歐洲還是研究儒家思想的最重要的國家之一。

◉ 伏爾泰（1694年－1778年）
法國啟蒙思想家、作家、哲學家。

◉ 密特朗在曲阜孔廟
1981年，競選總統期間的密特朗專程到曲阜參觀。（孔祥民 攝）

德國

德國是歐洲儒學傳入較早但研究卻稍晚的國家。1622年，德國傳教士湯若望就來到了中國，是傳教士進入中國較早的歐洲國家，但德國直到1798年才開始翻譯《論語》。由於德國是較晚發展資本主義的歐洲國家，所以德國的資產階級啓蒙思想家們也從中國傳統思想文化中尋找革命依據。

德國最早推崇孔子思想及中國文化的學者是萊布尼茲。他沒有來過中國，通過學習傳教士們翻譯的儒家經典和介紹中國思想文化的著述瞭解儒家思想和中國文化，並與來華的法國傳教士白晉、義大利傳教士閔明我建立了密切聯繫，蒐集有關中國的文

◉ 黑格爾（1770年－1831年）

德國哲學家，集德國古典哲學之大成，創立了客觀唯心主義哲學體系。

獻資料。1698年他曾與白晉討論《易經》，1703年3月他將自己1678年發明的二進位表送給白晉，當年10月白晉送給他《伏羲六十四卦次序圖》和《伏羲六十四卦方點陣圖》，萊布尼茲發現，如果將陰爻看作0，將陽爻看作1，那麼《易經》圖像從0到64都是二進位的連續數列，所以他深信中國哲學具有充分的科學根據，因此他讚美儒學，公然宣稱在道德和政治方面中國人優於歐洲人，斥責否定中國傳統思想的歐洲學者，「我們這些後來者，剛剛脫離了野蠻狀態的歐洲人就想譴責一種古老的學說，理由只是因爲這種學說似乎和我們普通的經院哲學的概念不相符，這真是狂妄之極」。受他的影響，他的弟子沃爾夫

◉ 萊布尼茲（1646年－1716年）

德國哲學家、數學家、物理學家。

也公開讚美儒學。1721年他在哈爾大學發表的題爲《中國的實踐哲學》的演講中將儒學和基督教進行了很有說服力的對比，認爲儒學可補基督教之不足，因爲他的演講讚美儒學而對基督教語帶輕視，遭到了正統神學派的強烈反對，德國政府以他宣傳無神論解除了他的教職，勒令他四十八小時內離開德國，否者將處以絞刑。沃爾夫雖然遭到了驅除，但他卻獲得學者和民眾的普遍同情和支持，他的哲學思想後來被各大學所採用，一時風靡德國哲學界。

但到了十八世紀後期，德國哲學界卻對儒學採取了截然相反的態度。德國古典唯心主義創始人康德（1724年—1804年）認爲孔子「並非哲學家」，甚至認爲整個東方就沒有哲學，孔子的言論「不過是給皇帝制定的道德倫理教條，或者是提供些中國先王的事例」。而德國古典哲學的集大成者黑格爾認爲孔子只是一個世間的智者，孔子的哲學只是一種道德哲學，「一種常識道德，這種常識道德我們在哪裏都找得到，在哪一個民族裏都找得到，可能還要好些，這是毫無出色之點的東西。孔子只是一個實際的世間智者，在他那裏思辨的哲學是一點也沒有的，只是一些善良的、老練的、道德的教訓，從裏面我們不能獲得什麼特殊的東西」。平心而論，孔子的哲學思想並不突出，黑格爾關於孔子哲學思想的評價雖然有失偏頗但還情有可原，但他對孔子倫理思想的評價我們就不能不說是他的「西方中心論」在作祟，完全是不符合實際的。

孔子思想對十八世紀後期的德國哲學沒有產生多大的影響，但在德國文學界卻深受歡迎。大詩人歌德（1749年—1832年）讀過《好逑傳》、《玉嬌梨》、《百美新詠》等中國文藝作品，深爲中國文化所傾倒，進而讚美孔子思想，因此被稱爲「魏瑪的孔夫子」。另一個大詩人席勒（1759年—1805

⊙ 康德（1724年-1804年）

德國哲學家、天文學家，近代西方哲學史上劃時代的哲學家。

年）也推崇中國文化，他曾摘譯《論語》，試譯過《好逑傳》。

鴉片戰爭以後，中國積貧積弱，國際地位下降，孔子思想和中國文化在西方人心目中的地位也隨之下降。但到了十九世紀末期，為了推廣基督教，西方傳教士極力將孔子思想和基督教進行調和。德國傳教士花之安雖然否定中國傳統文化，但他卻認為儒家思想中的一些倫理觀念是可以與「耶穌道理同條共貫的」，並將仁、義、禮、智、信等倫理觀念與基督教義相結合進行說教。傳教士衛禮賢（1873年—1930年）在華傳教二十五年，曾將《四書》、《易經》、《禮記》等譯成德文，他將孔子思想與西方思想比較後認為，孔子思想比西方思想有許多優越性，他在孔教大學的開學講經會上「孔教可致大同」演講中說：「凡所謂經濟學說、社會學說，皆不如孔教。西國只知愛國，國之下缺家，國之上缺天，非孔教無以彌補之。西國一哲學家興，即推倒前之學說而代之，中國則以孔教通貫數千年。歷代大儒雖代有擴充，而百變不離其宗，此孔教之所以為大也。今後惟孔教中和之道可致大同，以其無各宗教門戶主奴之見，而又能時措咸宜，任環境之變遷，而教義日見光大。……何也？孔子，聖之

◉ 孔子亭　在科隆和波昂之間的一個大型遊樂場內。

◎ 孔子亭內的孔子像

時者也。」他如此推崇孔子及其思想，以致被人視為「儒教徒」。衛禮賢回國後在法蘭克福大學任教，創建中國學院，創辦漢學雜誌，是德國二戰以前著名的四位漢學家之一。

二次世界大戰中，德國的儒學研究遭到嚴重衝擊，漢學書籍被損毀，研究機構被破壞，二十世紀六〇年代以後儒學研究才恢復起來。但總的來看，普通德國人對中國和孔子思想瞭解不多，多數德國人認為孔子強調個人對國家、對父母的服從，對個人留下的發展餘地很小。

英國

英國是歐洲大國中孔子思想輸入較晚的國家，1807年英國的第一個傳教士馬禮遜才進入中國，他兩次在華停留了二十五年，蒐集了一萬多卷中國書籍帶回英國。馬禮遜與歐洲早期的傳教士不同，他一方面傳教，一方面進行殖民和商業活動，熱衷於蒐集情報，對孔子思想的研究與傳播工作甚少。

英國的儒學研究真正開展起來是在鴉片戰爭以後，在華多年的英國傳教士利雅各對儒學很有研究，他用了二十多年的時間將《四書》、《周易》、《尚書》、《詩經》、《禮記》、《左傳》譯成英文，回國後竭力提倡為了貿易和傳教必須加強對中國和孔子思想的研究，牛津大學設置漢學講座後聘他為漢學教授，他認為「孔子是古代著作事蹟的保存者，中國黃金時代箴言的詮注者，解釋者。過去他是中國人中的中國人，現在正如所有的人相信他那樣，又以最好的和最崇高的身分代表著人類最美的理想」。到了二十世紀，英國對中國的研究領域擴大，休中誠在華傳教二十餘年，著有《中國古代哲學》一書，除介紹孔子、子思、孟子外，還介紹了荀子、董仲舒、班固、王充等人的思想。總的來看，當

時英國對孔子思想的研究水準不高，這主要是因為「日不落帝國」看不起中國文化，他們認為孔子思想不適合於英國的國情和民族習慣，對研究漢學的學者也非常歧視，研究與講授中國歷史的學者不被承認是史學家，大學不准漢學學生讀榮譽博士學位，培養漢學人才只是為了滿足商業翻譯的需要，師資水準也很低，主要由傳教士和退休外交官員擔任。在歐洲的中國熱中，英國肯特公爵在丘園建造了歐洲第一座孔子廟，但他並不是為了祭祀孔子的需要，而是作為中國風格的建築來點綴他的園林。就是這樣一座孔子廟也早已不存了，惟有同時所建的塔還巍然挺立。

◉ 原孔廟遺址　在英國皇家植物園內。

◉ 李約瑟（1900年-1995年）

英國科學家，所著《中國科學技術史》，以浩瀚的史實、確鑿的證據，證明中國古代科技知識的發達。

1945年以後，英國重視了對中國的研究，當然也加強了對儒學的研究，牛津、劍橋等著名大學都開展了中國儒學、歷史、文化的研究，聘請對儒學頗有造詣的著名學者主持。研究範圍從孔子思想的政治、哲學、倫理、教育諸方面擴展到科學技術，英國皇家學會會員李約瑟博士在他的《中國科學技術史》中對孔子和儒家思想提出了許多獨到見解，繼德國的萊布尼茲之後對《易經》與數學的關係進

行研究，並指出「在曆法領域中，數學在社會上屬於正統的儒家知識的範疇」。自然科學史家梅森認爲儒家思想雖是正統哲學，但並不排斥自然科學，並以朱熹的《朱子語類》爲例說明朱熹有天文理論，從朱熹的「嘗見有螺蚌殻，或生石中，此物即舊日之土，螺蚌即水中物，下者卻變而爲高，柔者卻變而爲剛」，認爲朱熹已經知道化石是生物殘骸，「代表了中國科學最優秀的成就，是敏銳觀察和精湛思辨的產物」。

最能代表英國思想界對孔子及儒家思想的認識和評價的應該是《新大不列顛百科全書》的「儒學」條。該條翻譯成漢字後有四萬多字，詳細介紹了孔子家世、生平和孔子所處的時代，孔子的政治思想、哲學思想、倫理思想、教育思想，孔子對中國和世界的影響，儒學的發展和儒家經典等，最後評價說，「在其他許多方面，這位無名的魯國教師的哲學概念也同樣對中國和大半個東亞文化體系的形成發揮了如此強烈的影響，那麼，孔子必須被承認爲世界歷史上最有影響的人物之一」。

俄羅斯

俄羅斯接觸孔子思想是從十八世紀開始的，1700年彼得大帝親自下達了派人到中國留學的指令，中國政府同意了俄國的要求，在會同館爲俄羅斯留學生專門建造了館舍，派國家最高學府國子監「選滿漢教習各一人往館教習滿漢文」，1725年第一批四名俄羅斯留學生到達中國，此後每十年更換一次。俄羅斯派遣的留學生雖然很多，但在儒學的研究與傳播上的貢獻不大，分析其原因可能是留學生主要是學習語言。

真正研究和傳播儒家思想的是東正教傳教士，1715年俄羅斯政府正式委派的傳教士團到達北京，其後的145年間先後派

遣了十三批。俄國傳教士對傳教並無興趣，正如1818年8月4日俄國政府所規定的那樣「今後的主要任務不是宗教活動，而是對中國的經濟和文化進行全面研究，並及時向俄國外交部報告中國政治生活的重大事件」。俄國傳教士主要的任務是研究中國的經濟和文化，所以其中產生了許多漢學家。第三批傳教士中的列昂季耶夫將《大學》和《中庸》首先翻譯成俄文，第七批的比丘林翻譯了《三字經》、撰寫了《中國的國情和習俗》、《中國及其居民、習俗、道德、教育》等著作，因此被稱爲俄國的漢學鼻祖。除從中國直接瞭解外，俄國還從西方引進研究中國的成果，在十八世紀七〇年代翻譯出版了竺赫德的《中華帝國全志》。到十九世紀，俄國就形成了研究中國的熱潮，1837年高等學校開設了研究中國的課程，1854年俄國政府頒發了成立彼得堡大學東方學系的指令，建立了東方學系。

到二十世紀初期，俄國的儒學研究與傳播已經很廣泛，《論語》、《孟子》、《詩經》、《春秋》等都被翻譯成俄文，出現了許多研究中國的著作。庫羅斯托維支1897年出版了《中國人及其文明》，多方面地評價了孔子及其思想，格奧爾吉耶夫斯基1888年出版了《中國的生活原則》、

1890年出版了《研究中國的重要性》，書中大力讚揚孔子及儒家思想。總的來看，俄國的學者們對孔子和儒家思想給予高度評價。他們稱讚孔子是聖人、積極的思想家、偉大的道德家、人所共知的全民教育家、風俗改革家和哲學家等等。對孔子思想研究得也很全面，涉及孔子的政治思想、經濟思想、倫理思想和教育思想等各個方面，高度評價孔子大一統的思想，推崇孔子的德治主張，甚至認爲孔子並不反對法制，而是法制的擁護者。

十月革命以後，由於長期的戰爭，關於中國的研究進入一個低谷，1949年新中國成立以後，蘇聯的中國研究又受到重視，雖然研究的重點轉向現代，但是關於中國古代的研究仍然很

◉ 彼得一世（1672年-1725年）
俄國沙皇，在位改革開放，使封閉保守的俄羅斯成為真正的帝國。

活躍。蘇聯編寫的百科全書和權威性著作如《蘇聯大百科全書》、《文學百科全書》、《蘇聯歷史百科全書》、《世界通史》、《哲學史》等著作都涉及到孔子及其思想的評價，《蘇聯大百科全書》評價說「孔學的要義是倫理、道德和國家管理問題」，「孔學是中國古代的倫理政治學說」，「對中國精神、文化、政治生活和社會制度的發展產生了極大的影響」。同時，蘇聯的學者們對孔子及儒家思想進行了系統全面的研究，取得許多很有價值的成果。他們高度評價孔子的教育思想，一致肯定孔子在教育方面的歷史功績，高度評價孔子的社會政治思想，特別是孔子大一統和仁政德治的思想。

蘇聯解體後，俄羅斯比較重視儒學的研究，俄羅斯政治家很重視孔子思想在中國現代化過程中所扮演的角色，儒家思想開始進入決策層的政治文化，一般民眾對孔子思想也有了進一步的瞭解，新聞媒體在解釋儒家文化圈國家發生的重大事件時常常會引用孔子思想。著名的研究機構有遠東研究所、東方研究所，當代最有名的學者是嵇遼拉，出版有《孔夫子：生活、學說及命運》（1993年）、俄文《論語》（1998年）等著作，被稱為莫斯科的孔夫子。他認為《論語》就是中國的聖經，建立了有價值的體系，是中國、朝鮮、韓國、日本的精神社會的根，俄羅斯不但要學習西方，而且要大力從東方特別是從孔子思想中吸取營養。

美國

美國是西方大國中孔子思想輸入最晚但研究成就最大的國家。1784年美國的第一艘商船來到中國，1830年美國的第一個傳教士裨治文來華傳教，但是美國是後起的資本主義大國，雖然進入中國晚，但發展卻是最快，到十九世紀末，在

華的美國傳教士就已達一千五百多人。美國傳教士來到中國，他們的任務已不是單獨傳教，更重要的任務已經從傳教轉向情報的蒐集。傳教士們深知要在中國立足必須認真對待中國傳統的儒家思想，因此他們瞭解孔子思想，研究孔子思想，瞭解中國的歷史、經濟、文化、民風民俗，所以美國最早的漢學家就產生於傳教士之中，其中著名的有裨治文、衛三畏、狄考文等人。傳教士們在瞭解中國的同時也將中國介紹到美國，1832年裨治文在澳門創辦了《澳門學報》，1842年傳教士和外交家成立了美國東方學會，先後出版了《美國東方學會雜誌》、《美國東方學叢刊》、《美國東方學翻譯叢刊》，還成立了東方文獻圖書館。

傳教士瞭解、研究孔子思想的結果導致了對孔子及其思想的推崇。衛三畏在其所著的《中國總論》中說，「孔子的著作同希臘和羅馬哲人的訓言相比，它的總旨趣是良好的，在應用到它所處的社會和它優越的實用性質則超出了西方哲人」，「四書五經的實質與其他著作相比，不僅在文學上興味雋永，文字上引人入勝，而且還對千百萬人的思想施加了無可比擬的影響。由此看來，這些書造成的勢力，除了《聖經》以外是任何別種書

都無法與之匹敵的」，因此他不主張排斥儒家思想，而是竭力主張將孔子思想和基督教義結合起來。1883年來華的傳教士李佳白改著中國服裝，身穿長袍馬褂，頭戴假辮子，一手捧《聖經》，一手捧《四書》，用儒家經典附會基督教義，主張兩者「互相和合，互相敬愛，互相勸勉，互相輔助」，推崇儒家思想是教民之本，「孔教為顛撲不破之道，合之古今中外而皆宜」。傳教士們推崇儒家思想並非是他們接受了儒家思想，而是借

⊙ 紐約的孔子像

助儒家思想宣傳基督教義，最終取代儒家思想的統治地位，正如傳教士狄考文所說，「作爲儒家思想支柱的是受過高等教育的士大夫階層，如果我們要對儒家的地位取而代之，我們就要訓練好自己的人，用基督教和科學教育他們，使他們能勝過中國的舊式士大夫，從而能取得舊式士大夫所占的統治地位」。所以美國在華傳教士紛紛創辦學校，學校既學《聖經》，也學儒經，狄考文所創辦的山東登州文會館規定在九年時間內學完《四書》、《五經》。

二十世紀初，歐洲列強忙於戰爭，無暇東顧，美國趁機擴大在中國的勢力，與此相應，加大了對中國的研究。從十九世紀後期，在傳教士的宣傳影響下，美國國內就開始了對中國的研究，1876年耶魯大學在衛三畏主持下設立了美國漢語教學研究室和東方學圖書館，其後加利福尼亞大學、哈佛大學、哥倫比亞大學紛紛設立研究中國的機構。進入二十世紀，美國的基金會大力資助中國研究，到1930年，美國收藏的中國書籍已達三十五萬多冊，到二戰前，美國研究中國的機構已經發展到九十個，同時美國也已經培養出一大批研究中國的專家。這批專家大多肯定孔子及其思想的歷史功績，杜倫認爲孔子的學說是哲學而非宗教，孔子一生的貢獻是創造了一套高潔的貴族式的倫理條規，伯德認爲孔子學說的道德觀孕育了中國文明的精神基礎，海思和威蘭在合著的《世界通史》中認爲孔子關於禮儀的規定以及關於道德的具有深意的箴言在中華民族性格的形成上是一個堅強的因素。但也有專家

◎ 夏威夷的孔子像

◉ 孔子廟　在加州首府沙加緬度，由華人、華僑所建。

如孟錄全盤否定孔子的教育思想，認爲孔子教育的最高目標就是造就「一個能公正地治理國家的君主和盲目地服從國家法律，過著正直生活的人民」，教育的目的「不是發展獨創性而是壓制它，不是發展創造能力而是發展模仿能力」，他的這些觀點是從考察中國科舉制度的弊端後得出的，但並非是真正的孔子的教育思想，所以當時著名的學者顧立雅、拉鐵摩爾等也對此持有異議。

二十世紀五〇年代以來，美國的儒學研究異常活躍，出現了一大批著名的學者，其中既有美國自己培養的費正清、顧立雅、拉鐵摩爾、狄百瑞、芮沃壽等中國通，也有從中國大陸和港臺移居的陳榮捷、杜維明、成中英等儒學專家。研究的領域也非常廣泛，涉及到孔子的哲學思想、政治思想、倫理思想、教育思想以及孔子思想在世界的傳播與影響、孔子及儒家思想與當代中國的關係、後世儒家與儒學等等。對孔子及其思想的評價基本是肯定的，顧立雅認爲孔子的思想並非宗教，孔子不是守舊、反動的代表，「基本上是一個革命者」，費正清推崇儒家「以善爲治」的政治理論，竇宗儀認爲「孔學的價值是在於它所維護的一條處於極端個人主義和極端集體主義之間的、間接的道路，即中庸」，斷言「在任何情況下，一切學說理論要發揮巨大的作用就必須遵循中庸之道」。

在學者們的影響下，美國政界人士也日益認識到孔子思想在當代的價

◉ 舒茲在曲阜
1987年3月，美國國務卿舒茲專程到曲阜參觀。

值，早在1945年，美國國務卿退丁紐斯在廣播中說，「上次大戰威爾遜以軍事、政治、經濟力量維繫世界和平，其結果不但未獲得和平並造成二次的大戰，此次殘於上次千萬倍矣。處理今後之世界和平當以上次爲之印鑒，其惟一辦法，發揚人類道德，灌輸仁人的道德精神，然道德必以中國孔子道德爲目標」；1982年美國總統雷根在致祭孔大典籌委會主任的信中說：「孔子高貴的行誼與偉大的倫理道德思想不僅影響他的國人也影響了全人類，孔子學說世代相傳提示全世界人類豐富的做人處世原則」，「我們尤應緬懷與推崇這位思想家的貢獻」；2002年美國總統布希在紀念孔子誕辰的文告中說，「欣逢孔子2553歲誕辰，謹頒此文告表示祝賀」，「我同時也欽佩各地的祭孔委員會，他們熱心舉辦祭孔活動，藉以保存孔子思想，發揚中國文化，分享孔子教誨，鼓勵世人學習這位偉大的哲學家的高尚的人格、慈愛精神、遠大目標、精深思想。孔子的博大教誨啓迪了世界上所有的人」。

◉ 舊金山祭孔大典

1982年，美國各界紀念孔子誕辰。

孔子思想在東南亞的傳播與影響

孔子思想在東南亞（越南除外）的傳播主要是依靠華人進行的，影響的範圍也主要在華人中間。雖然早期外出謀生的華人大多出身貧困，文化水準不高，但他們自幼即接受儒家思想的薰陶，移居國外後仍保持著中華民族的傳統美德，尊師重教，稍有積蓄或聘師家教，或集資興學設教，為在域外弘揚民族傳統文化做出重要貢獻。

⊙ 李光耀在曲阜

1988年9月15日，新加坡總理李光耀專程到曲阜參觀。

新加坡

新加坡是華人聚集的國家，早在1860年就有五萬多華人在此生息，現在華人已有兩百多萬，占全國人口的百分之七十多。移居的華人同時帶來了孔子思想，使新加坡成為後起的孔子思想影響最深的國家之一。

華人一向重視傳統文化，重視教育，1849年陳金聲創建了崇文閣，1954年改建成萃文書院，正如該院碑文所說的那樣，興辦書院目的是使「斯文蔚起，人人知周孔之道，使荒陬遐域化為禮儀之邦」，二十世紀初建造了崇福女中，1955年華人又建立了南洋大學，成立了華人教育委員會，推行華文教育。

早在二十世紀初，每到孔子誕辰，中華商會就通告華商歇業一天以

⊙ 新加坡裕華園的孔子像

◎ 南洋聖教會

作紀念。1917年，在中國成立孔教會的影響下，新加坡中華總商會發起成立新加坡孔教會，因當時英國海峽殖民地檳城（簡稱嶼）、麻六甲（簡稱甲）已經建有孔教會分會，所以以三處總稱叻（新加坡簡稱）、嶼、甲取名實得力孔教會。孔教會附設於總商會，商會會員同時也是孔教會會員，每逢孔子誕辰就在總商會禮堂舉行祭祀活動。日軍侵占期間會務全部停止，1949年恢復活動，改稱南洋孔教會。南洋孔教會的主要活動一是在孔子誕辰時舉行祭祀，二是開展關於孔子思想的徵文比賽和講座，三是出版儒學書籍，間或舉辦書法比賽。現在會員減少，活動雖然繼續開展，但也難以為繼。除孔教會外，新加坡還有南洋聖教總會，總部內設有儒、釋、道三個祭祀用的廳堂。

1982年，新加坡政府決定在中學三、四年級開設宗教課，為不願學習宗教者開設儒家倫理課，有18.7%的學生選學儒家倫理，為推廣孔子思想發揮了一定的作用。但是延續十年左右就停止了。

◎ 南洋聖教會內設的孔子祭壇

⊙ 祭孔儀式

現在新加坡孔子思想的傳播和研究活動都比較活躍。二十世紀末在新加坡河畔樹立了孔子、屈原、花木蘭、文天祥、鄭和和岳母刺字等雕象，1979年成立的孔孟聖道院以將孔孟的真理轉化為濟世救人的真學問為宗旨，以實踐孔孟之道為己任，利用晚間開班宣講《論語》、《孝經》，利用節假日服務老人院，孔子誕辰時還舉行文藝表演，現已發展會員七百多人。2000年成立的新加坡儒學聯合會、1984年成立的新加坡儒學研究會都曾舉辦過不同規模的學術討論會，其中儒學聯合會在2001年舉辦的「儒學與新世紀的人類社會」國際學術會議有十多個國家和地區的著名學者參加，是一次水準很高的學術會議。儒學研究會經常舉辦儒學講座，出版儒學叢書，編印《儒學與你》和《儒家文化》雜誌。此外，新加坡還有東亞哲學研究所、孔孟研究中心等研究機構。

⊙ 新加坡河畔的孔子像

⊙ 孔孟聖道院　晚上講授孔子思想。

馬來西亞

　　馬來西亞也是華人聚集比較
集中的國家，鄭和下南洋時就已
經在馬來西亞停留，到十九世
紀，富有的華人就開始設立私
塾進行中華傳統文化教育，私塾
課程與國內基本相同，主要學習
《四書》、《五經》。從1897年
開始，林文慶和邱菽園發起儒學

⊙ 紀念鄭和下西洋的三保廟
　在馬來西亞的麻六甲。

復興運動，從國內邀請丘逢甲、王曉滄等名人到處演講，通
過報紙雜誌宣傳孔子思想，張克誠在吉隆坡《天南時報》上
撰文宣傳孔子學說，他撰寫的《孔教撮要》和《白話孔教撮
要》成為普及的兒童讀物。1919年以後，由於受國內新文化
運動的衝擊，儒學復興運動逐漸式微，到三〇年代，馬來西
亞也興起批孔思潮，孔子思想也一度成為批判對象。二戰以
後，華人傳統文化在有識之士的提倡下又開始復興，馬來西
亞大學在1963年成立了中文系，從臺灣聘請了儒學造詣很高的
教師進行教學，對儒家經典進行校點、注釋、考證，華文報
紙也開闢專欄介紹普及孔子思想，八〇年代，華人文化協會
還創辦了《文道》雜誌，刊載了許多儒學與現代化、儒學與
馬來西亞華人社會等學術文章。

⊙ 三保山
　旅居麻六甲華人的墓地。

1912年中國孔教總會成立以後，馬來西亞的檳城、麻六甲、怡保等地就相應成立了孔教會分會，二戰以前，馬來西亞各大城市幾乎都有孔教會的組織，此外還有孔教堂、孔聖堂等奉祀孔子的建築。二戰以後，除麻六甲孔教會在著名華人沈慕羽的領導下至今還在活動外，其他絕大部分都已銷聲匿跡了。沈慕羽將麻六甲孔教會由宗教機構改變爲文化學術團體，舉辦書法培訓班，每年孔子誕辰舉行祭祀和孔子思想講座等活動，最近還新建了孔子大廈。除孔教會外，在吉隆坡、檳城、安順、太平等十三個城市還設有聖教會。

◉ 聖教會示意圖

孔子思想在馬來西亞非常普及，這首先得益於華文教育的普及。馬來西亞華人堅持創辦華文學校，進行華文教育，1819年創建了檳城五福書院，1906年創建了吉隆坡尊孔中學，吉隆坡還建設了陳氏書院。目前，馬來西亞共有華文小學一千四百多所，華文中學六十二所，華文大學、大專各一所，華文學校直接用漢語授課，在未與中國建交以前教師主要來自臺灣，許多老師都畢業於臺灣師範大學，教材大多

◉ 吉隆坡尊孔中學

也來自臺灣，儒家思想占有相當大的比例。除正規學校教育外，熱心人士還成立了經典導讀促進委員會，開展兒童讀經活動。現在，馬來西亞也成為後起的孔子思想影響最深的國家之一。

⊙ 筆者在東馬沙撈越講學於古晉華文一中為學生介紹孔子生平與思想。

近年馬來西亞的儒學研究也開始活躍起來，馬哈蒂爾任總理時曾經針對杭廷頓的「文明衝突論」舉辦國際儒家思想與回教文明對話會，2002年成立的馬來西亞孔學研究會也舉辦了國際孔學討論會、儒學座談會，在孔子誕辰舉辦了儒學在民間講座、兒童經典教育交流會、孔子誕辰紀念慶典等紀念活動，計畫出版《忠恕文集》、《忠恕叢書》和《忠恕系列》，現已經出版了《孔學論文集》。近年來，馬來西亞華人公會、中華大會堂總會和馬來西亞工商聯合會三大組織聯合發起和推動馬來西亞華人思想興革運動，華人紛紛響應，多次召開討論會。通過討論，「己所不欲，勿施於人」成為華人貫徹實踐的金科玉律，勤儉、敬業、誠信、和諧成為工商界實踐的信條，中庸之道、協商共贏成為華人領袖遵循的原則。

印尼

印尼的孔子思想也是由移居的華人帶來的，早在1729年，華人就創辦了明誠書院，1875年，華人又在東爪哇的泗水建造了東南亞（越南除外）的第一所孔子廟。1900年華人成立了中華會館，會館負責人之一的李金福在《華人宗教》中闡明會館以弘揚孔子思想為宗旨，認為華人宗教存在於孔子思想之中，孔子思想是華人宗教的靈魂，是中華文化的根本。會館創辦了兩百多所學校，以尊孔為宗旨進行華文教育。校內高掛孔子像，每逢孔子誕辰、忌日放假一天，舉行演講會等紀

念活動。1928年以後，淡化了尊孔，改
為以教育為主。

　　1912年中國成立孔教會以後，印尼
的梭羅、泗水、三寶瓏等地也相繼成
立了孔教會，1923年，各地孔教會的代
表在梭羅舉行第一次全國代表大會，
成立了孔教總會，1938年該會還決定
出版《木鐸》月報。日本侵占後，孔
教會的活動幾乎全部停止，直到1954年
十二月，各地孔教會代表齊集梭羅決
定重建孔教會，次年成立了印尼孔教
聯合會，1961年的第四次代表大會統一
了教規，改名為孔子學說學會，向宗
教部申請重新確認為國家宗教。1963年
更名為全印尼孔教聯合會，次年重建
了全印尼孔教青年聯合會。1965年，蘇

◉ 印尼泗水孔廟

加諾總統發佈命令，承認孔教為印尼
六大宗教之一。1976年，據官方統計，
孔教徒有一百五十萬人。但是到1979
年，蘇加諾指示宗教部取消了孔教的
宗教地位，孔教會的活動受到限制，
居民證宗教信仰不能填寫孔教，學校
不能再教四書，以中國傳統形式舉行
的婚禮不發給結婚證，孩子也成了不

◉ 1914年祭祀盛況

能隨父姓的私生子。蘇加諾下臺後，孔教會的活動逐漸恢復正常，2000年、2002年春節孔教會舉辦團拜會時還分別邀請到瓦希德總統和梅加瓦蒂總統出席並講話，2002年中國春節也被公佈為全國假日。據說現在孔教會會員有一百多萬人，約占印尼華人的五分之一。孔教會在全國各地設有一百多個分會，每個分會都有孔廟或拜堂，每週至少舉行兩、三次孔子思想的宣道會。祭祀結合了天主教儀式，既讀祭文、行叩頭禮也唱讚美詩。

1934年，華人郭德懷創建了三教會，以弘揚、實踐儒、釋、道三教為宗旨，1955年下屬組織發展到三十多個，改名為三教聯合會，出版《三種文化》雜誌，並發展當地人為信徒。1967年政府禁止華人在公共場所舉行中國傳統的宗教儀式、宴會和慶祝活動，號召華人放棄孔教和道教，活動受到很大限制。

孔子思想在印尼華人中的影響還是很大的，雖然1978年實行的民族同化政策和取消華文教育、書報等措施限制了孔子思想的傳播，但華人早在二十世紀三〇年代就將《四書》譯成了印尼文，最近又將《易經》、《孝經》翻譯出版。

◎ 孔廟內景

孔子是不幸的。他三歲喪父，十七歲喪母，六十七歲喪妻，六十九歲喪子，人生所有的不幸幾乎都曾打擊過他。

但孔子又是幸運的。艱難困苦的境遇造就了他，雖然他屢遭打擊，但他並沒有屈服，沒有被打倒，相反卻激發了他要改變自己命運的信心和決心，他「十有五而志於學」，學無常師，敏而好學，不恥下問，學而不已，闔棺乃止，一生都在不懈地追求知識，終於成爲學識淵博的學者。但孔子並不滿足於做一個學者，他希望自己能夠成爲一個政治家，通過自己的努力去消滅戰爭，重建有序的社會，造福人群，而且他也曾經一度在祖國魯國出任中都宰，先升小司空，最後官至大司寇，他也曾卓有成效，治中都牛刀小試，四方則之，治魯

◉ 燕居像

國大顯身手，國家大治，治外交力挫強齊，收復失地，但曇花一現，在內外夾擊下只好掛冠而去。孔子深知要想改善社會，僅憑一己的力量是不夠的，需要有一整套改造社會的思想理論，需要一支能夠推行自己主張的隊伍，因此他提出了「天下大同」的遠大理想和「小康」社會的近期目標，

仁政德治、禮樂教化、輕徭薄賦、富民教民、禮義廉恥、仁愛忠信等政治、倫理主張，創建了博大精深的儒家思想體系，並且首創私學，廣收弟子，弟子三千，賢人七十，培養了一大批德才兼備的治國人才，開創了影響深遠的儒家學派。

但孔子還是不幸的。爲了實現自己的理想，尋找

◉ 日本水戶藩校弘道館

施展自己政治抱負的機會，
五十五歲的他外出奔波十四
年，棲棲遑遑，席不暇暖，奔
走了大小近十個國家，但沒有
一個國君肯採用他的思想，旅
途中宋人伐樹，匡人圍困，在
陳絕糧，在蒲迫盟，在衛國受
到靈公與夫人同車卻讓孔子在
後的羞恥，在鄭國受到喪家狗
的奚落，倍受冷落，最後只能
黯然回國，齎志而終。

◉ 崖州文廟

此為中國最南端的孔子
廟，在今海南三亞市。

　　但孔子還是幸運的。生前雖然沒有一個國君肯採納他的
政治主張，但他卻沒有料到，在他去世三百多年後，他的
思想會成為中國歷代王朝的指導思想，統治中國社會兩千多
年，他也沒有料到，他的思想還走出國門，成為朝鮮、越
南、日本等近鄰國家的統治思想，成為西方資產階級啓蒙思
想家反對封建專制的思想武器，他更沒有料到，個人竟被推
崇為萬世師表，奉為至聖先師，追封為大成至聖文宣王，祭
祀的廟宇遍及中國、朝鮮、越南、日本等亞洲國家。

　　但孔子還是不幸的。十九世紀以來，中國統治階級的腐
朽無能造成了中國的落後挨打，那些深受西方思想影響的
知識分子們不敢將中國落伍的責任歸咎於統治階級，不願對
落伍的原因進行全面的歷史的分析，相反卻將落後的全部責
任歸罪於孔子及其思想，可憐的孔子成了敲門磚，成了打人
磚，孔子思想在它的母國成了罪惡的淵藪。

　　但最終孔子還是幸運的。風水輪流轉，誰能料到，在全
球以西方思想文化為金科玉律的二十世紀七〇年代，西方經
濟持續不前，而深受孔子思想影響的日本和韓國、香港、臺
灣、新加坡四小龍卻經濟相繼騰飛，其後中國、越南經濟又
走上高速發展的軌道，人們在分析其原因時發現，是傳統的

◉ 湯恩比與池田大作交談

儒家思想在背後釋放的巨大能量催發
了這種高速發展，於是人們不得不重
新審視儒家思想，重新評價孔子思想
在現代社會中的作用及其價值。資產
階級工業文明以來，科學技術日新月
異，物質文明高度發達，人們在享受
工業文明的豐碩成果時也不得不正視
工業文明所帶來的弊端，極端個人主
義、利己主義、享樂主義日益氾濫，
道德淪喪、環境破壞、暴力犯罪、種
族衝突、恐怖襲擊日益嚴重。如何救
正社會弊端，如何構建人類未來的精
神家園，東西方的有志之士們都在思
考，都在尋找。

　　早在上世紀七〇年代初，英國著
名歷史學家、評論家湯恩比就和日本
文化名人池田大作進行了展望二十一
世紀的學術對話，湯恩比預言，「世
界的和平統一，一定是以地理和文化
軸為中心不斷結晶擴大起來的」，

「中國人和東亞各民族合作，在被人
們認為是不可缺少和不可避免的人類
統一過程中可能要發揮主導作用」。
湯恩比對此次談話非常重視，將對話
整理後命名為《生命的選擇》出版，
他是根據《聖經》「現在，我把生命
和死亡、祝福和咒詛這兩種選擇擺在
你們面前，你們必須選擇生命，這
樣，你們跟你們的子孫就能長久活下
去」取名的。無獨有偶，人類的精
英，七十五名諾貝爾獎金獲得者1988年
聚會巴黎研討世界的發展，會議所取
得的共識之一是，「人類要在二十一
世紀生存下去，必須要從兩千五百年
前孔夫子那裏去尋找智慧」。我們完
全有理由相信，孔子思想將會越來越
受到人們的重視，將會發揮越來越重
要的作用。

◉ 紐西蘭中華書院孔子像

孔子年譜

1歲　西元前551年（周靈王二十一年，魯襄公二十二年）
- 孔子出生在魯國陬邑昌平鄉（今曲阜城東南三十公里的昌平山下）。因父母曾爲生子而禱於尼丘山，孔子故名丘，字仲尼，尼丘山爲避孔子諱，省稱尼山。
- 孔子生年有兩種記載，相差一年，今從《史記·孔子世家》說，生日爲夏曆八月二十七，今人推算爲西曆九月二十八日。

3歲　西元前549年（周靈王二十三年，魯襄公二十四年）
- 父親叔梁紇卒，葬於防山，今曲阜二十五里有墓地名梁公林。
- 大約在父親喪後不久，孔子隨母親遷到魯國都城居住。

5歲　西元前547年（周靈王二十五年，魯襄公二十六年）
- 弟子秦商生。商字不慈，魯國人。

6歲　西元前546年（周靈王二十六年，魯襄公二十七年）
- 弟子曾點生。點字皙，曾參之父。

7歲　西元前545年（周靈王二十七年，魯襄公二十八年）
- 弟子顏繇生。繇又名無繇，字季路，又稱顏路，顏淵之父。

8歲　西元前544年（周景王元年，魯襄公二十九年）
- 弟子冉耕生。耕字伯牛，魯國人。
- 吳國公子季札赴魯觀周禮。

10歲　西元前542年（周景王三年，魯襄公三十一年）
- 弟子仲由生。由字子路，卞人。
- 魯襄公死，其子繼位，是爲昭公。

12歲　西元前540年（周景王五年，魯昭公二年）
- 弟子漆雕開生。開字子若，蔡國人。
- 晉韓宣子出使魯國，觀書於太史氏，見《易象》與《魯春秋》，發出「周禮盡在魯矣」的感歎。

14歲　西元前538年（周景王七年，魯昭公四年）
- 鄭國子產制定丘賦制度。

15歲　西元前537年（周景王八年，魯昭公五年）
- 孔子說：「吾十有五而志於學」。（〈爲政〉）
- 魯國四分公室，改三軍爲四軍，季孫領二軍，孟孫、叔孫各領一軍。

16歲　西元前536年（周景王九年，魯昭公六年）
- 鄭國鑄刑鼎。
- 弟子閔損生。損字子騫，魯國人。

17歲　西元前535年（周景王十年，魯昭公七年）
- 孔母顏徵在卒。十一月，季武子卒。大約在年末，季孫氏宴請士，孔子赴宴，被季孫氏家臣陽虎拒之門外。

19歲　西元前533年（周景王十二年，魯昭公九年）
- 孔子娶宋人亓官氏為妻。

20歲　西元前532年（周景王十三年，魯昭公十年）
- 亓官氏生子，魯昭公賜鯉魚於孔子，故起名為鯉，字伯魚。
- 孔子為季孫氏委吏，管理倉庫。

21歲　西元前531年（周景王十四年，魯昭公十一年）
- 孔子改作乘田，管理畜牧。孔子說：「吾少也賤，故多能鄙事。」（〈子罕〉）鄙事當包括委吏、乘田。

24歲　西元前528年（周景王十七年，魯昭公十四年）
- 季孫氏家臣南蒯以費叛，費人將他趕走，逃奔齊國。

27歲　西元前525年（周景王二十年，魯昭公十七年）
- 郯子朝魯，孔子向郯子詢問少昊官制。

29歲　西元前523年（周景王二十二年，魯昭公十九年）
- 孔子學琴於師襄。

30歲　西元前522年（周景王二十三年，魯昭公二十年）
- 孔子自稱「三十而立」（〈為政〉）。
- 齊景公與晏嬰來魯國。齊景公與孔子問秦穆公何以稱霸。
- 弟子顏回、冉雍、冉求、商瞿、梁鱣生。回字子淵，雍字仲弓，求字子有，瞿字子木，魯國人。鱣字叔魚，齊國人。

31歲　西元前521年（周景王二十四年，魯昭公二十一年）
- 弟子巫馬施、高柴、宓不齊生。

32歲　西元前520年（周景王二十五年，魯昭公二十二年）
- 弟子端木賜生，賜字子貢，衛國人。

34歲　西元前518年（周敬王二年，魯昭公二十四年）
- 孟懿子和南宮敬叔兄弟學禮於孔子。孔子收徒的最早記載。
- 孔子問樂於萇弘。

35歲　西元前517年（周敬王三年，魯昭公二十五年）
- 魯國發生鬥雞之變。魯昭公率師討伐季平子，平子與孟孫氏、叔孫氏三家共攻昭公，昭公兵敗，逃奔齊國。
- 孔子去齊國，道經泰山，發出「苛政猛於虎」的感嘆。

36歲　西元前516年（周敬王四年，魯昭公二十六年）
- 孔子在齊。齊景公問政於孔子，孔子以「君君、臣臣、父父、子子」回答，獲得

齊景公賞識，欲以尼谿之田封孔子，被晏子阻止。

・孔子在齊聞〈韶〉樂，如醉如癡，三月不知肉味。

37歲　西元前515年（周敬王五年，魯昭公二十七年）

・齊大夫欲害孔子，孔子由齊返魯。

・吳公子季札聘齊，其子死，葬於瀛、博之間，孔子往觀其葬禮。

・弟子樊須、原憲生。須字子遲，魯國人；憲字子思，宋國人。

38歲　西元前514年（周敬王六年，魯昭公二十八年）

・晉魏獻子（名舒）執政，舉賢才，孔子認爲「近不失親，遠不失舉」，是義舉。

39歲　西元前513年（周敬王七年，魯昭公二十九年）

・冬，晉國鑄刑鼎，將刑律鑄於鼎上，孔子曰：「晉其亡乎，失其度矣」（《左傳》）。

40歲　西元前512年（周敬王八年，魯昭公三十年）

・孔子自稱「四十而不惑」。

・弟子澹台滅明生。滅明字子羽，魯國人。

41歲　西元前511年（周敬王九年，魯昭公三十一年）

・弟子陳亢生。亢字子禽，陳國人。

42歲　西元前510年（周敬王十年，魯昭公三十二年）

・昭公卒，弟定公立。

43歲　西元前509年（周敬王十一年，魯定公元年）

・弟子公西赤生。赤字子華，魯國人。

45歲　西元前507年（周敬王十三年，魯定公三年）

・弟子卜商生。商字子夏，衛國人。

46歲　西元前506年（周敬王十四年，魯定公四年）

・孔子率弟子觀魯桓公廟的欹器。

・弟子言偃生。偃字子游，吳國人。

47歲　西元前505年（周敬王十五年，魯定公五年）

・六月，季孫氏家臣陽虎囚季桓子而專魯政，欲見孔子，孔子不見，陽虎送孔子豚，孔子趁其不在家時拜謝，結果途中相遇，陽虎勸孔子出仕，孔子答應了卻未出仕。

・弟子曾參、顏幸生。參字子輿，幸字子柳，均爲魯國人。

48歲　西元前504年（周敬王十六年，魯定公六年）

・季氏家臣陽虎擅權日重，孔子稱之爲「陪臣執國命」（〈季氏〉）。

・陽虎專權，孔子不仕，退而修《詩》、《書》、《禮》、《樂》，弟子日益增多。

49歲　西元前503年（周敬王十七年，魯定公七年）
・弟子顓孫師生。師字子張，陳國人。

50歲　西元前502年（周敬王十八年，魯定公八年）
・孔子自謂「五十而知天命」（〈爲政〉）。
・公山不狃以費叛季氏，使人召孔子，孔子欲往，被子路阻攔。

51歲　西元前501年（周敬王十九年，魯定公九年）
・孔子爲中都宰，治理中都一年，卓有政績，四方則之。
・魯伐陽虎，陽虎先後逃奔齊國、宋國，最後投奔晉國趙簡子，孔子說：「趙氏其
　世有亂乎！」（《左傳》）
・弟子冉魯、曹卹、伯虔、顏高、叔仲會生。

52歲　西元前500年（周敬王二十年，魯定公十年）
・孔子由中都宰升小司空，後升大司寇，攝相事。
・夏，孔子隨定公與齊侯相會於夾谷。孔子事先對齊國邀魯君會於夾谷有所警惕和
　準備，故不僅使齊國劫持定公的陰謀未能得逞，而且逼迫齊國答應歸還侵占魯國
　的鄆、汶陽、龜陰等土地。

53歲　西元前499年（周敬王二十一年，魯定公十一年）
・孔子爲魯司寇，魯國大治。

54歲　西元前498年（周敬王二十二年，魯定公十二年）
・孔子爲魯司寇。爲削弱三桓，採取墮三都的措施。叔孫氏與季孫氏爲削弱家臣的
　權力，支持孔子的這一主張，但受到孟孫氏家臣公斂處父的抵制，孟孫氏暗中支
　持公斂處父。墮三都的行動半途而廢。
・弟子公孫龍生。龍字子石，楚國人。

55歲　西元前497年（周敬王二十三年，魯定公十三年）
・春，齊國爲離間孔子與魯國君臣的關係，送八十名美女到魯國。君臣迷戀歌舞，
　多日不理朝政。孔子憤而辭官離開魯國到衛國，居住在子路妻兄顏濁鄒家。
・十月，孔子受讒言之害，離開衛國前往陳國。路經匡地，被圍困。後又返回衛
　都，住蘧伯玉家。

56歲　西元前496年（周敬王二十四年，魯定公十四年）
・孔子在衛國，見衛靈公夫人南子。
・衛靈公與夫人南子同車而讓孔子在後車招搖過市，孔子以爲可恥，離開衛國但不
　久又返回。

57歲　西元前495年（周敬王二十五年，魯定公十五年）
・孔子在衛。夏五月，魯定公卒，子哀公立。

58歲　西元前494年（周敬王二十六年，魯哀公元年）
・孔子在衛。

59歲　西元前493年（周敬王二十七年，魯哀公二年）

- 衛靈公問陣於孔子，孔子婉言拒絕。孔子離衛欲去晉國，行至黃河聽說晉國趙簡子殺了兩個賢人，返回衛國。不久離衛如曹，途經宋國，宋司馬桓魋伐樹警告，孔子微服逃至鄭國，由鄭赴陳。

60歲　西元前492年（周敬王二十八年，魯哀公三年）

- 孔子自謂「六十而耳順」。
- 在陳。秋，季桓子後悔未重用孔子使魯國喪失強盛的機會，遺言其子季康子請回孔子，但因公之魚的阻攔，只召回了冉求。

61歲　西元前491年（周敬王二十九年，魯哀公四年）

- 孔子離陳往蔡。

62歲　西元前490年（周敬王三十年，魯哀公五年）

- 孔子在陳。

63歲　西元前489年（周敬王三十一年，魯哀公六年）

- 孔子與弟子在陳蔡之間被困絕糧，後被楚人相救。
- 楚王欲重用孔子，將以書社之地封給孔子，因令尹子西反對而作罷。
- 楚人接輿勸諫孔子。
- 由楚返衛，途中遇隱者，勸子路隱居。
- 孔子見葉公，葉公問政，孔子以「近者說，遠者來」作答。
- 葉公向子路問孔子，子路未答，孔子說你為什麼不說「其為人也，發憤忘食，樂以忘憂，不知老之將至云爾」。

64歲　西元前488年（周敬王三十二年，魯哀公七年）

- 孔子在衛。主張在衛國為政先要正名。

65歲　西元前487年（周敬王三十三年，魯哀公八年）

- 孔子在衛。
- 吳伐魯，大敗，弟子有若參戰有功。

66歲　西元前486年（周敬王三十四年，魯哀公九年）

- 孔子在衛。

67歲　西元前485年（周敬王三十五年，魯哀公十年）

- 孔子在衛。
- 夫人元官氏卒。

68歲　西元前484年（周敬王三十六年，魯哀公十一年）

- 春，齊師伐魯，弟子冉有帥魯師與齊戰，獲勝。季康子問冉有的軍事才能從何而來？冉有答曰「學之於孔子」。季康子派人以幣迎回孔子。
- 季康子欲行「田賦」，質詢孔子，孔子反對。

- 魯哀公問政，孔子答以「政在選臣」。
- 魯國不用孔子，孔子一邊教育弟子，一邊整理古代文獻。

69歲　西元前483年（周敬王三十七年，魯哀公十二年）
- 冬十二月蝗災，季孫問於孔子，孔子認為是曆法錯誤，不是氣候反常。
- 兒子孔鯉卒。

70歲　西元前482年（周敬王三十八年，魯哀公十三年）
- 孔子自謂「七十而從心所欲，不逾矩」。

71歲　西元前481年（周敬王三十九年，魯哀公十四年）
- 春，西狩獲麟，孔子停止修《春秋》。
- 六月，齊國陳恒弒齊簡公，孔子求見魯哀公及三桓，請求魯國出兵討伐陳桓，未果。
- 顏回卒，孔子十分悲傷。

72歲　西元前480年（周敬王四十年，魯哀公十五年）
- 孔子聞衛國政變，預感到子路有生命危險，子路果然被害，孔子十分難過。

73歲　西元前479年（周敬王四十一年，魯哀公十六年）
- 四月，孔子卒，弟子葬於魯城北。魯哀公誄之。
- 弟子為孔子守墓三年，獨子貢守墓六年。
- 孔子故居被改為廟堂。

後　記

　　山東友誼出版的劉奎勝同志約我寫一本圖文並茂介紹孔子生平、事跡、思想和在海內外傳播影響的通俗讀物，時間要求很急，而我承擔的全社會科學基金項目世界孔廟研究課題年內也要完成，時間衝突，但我和劉奎勝同志是交往近三十年的好朋友，安排的活不能不幹，好在三十年來我一直從事孔子文物古蹟的保護和研究工作，多年來一直蒐集海內外有關孔子遺跡和思想傳播、影響的資料，手頭資料還是很多的，於是放下研究課題，趕寫這本書。

　　在《圖說孔子》出版之際，要感謝日本安達列斯基金山浦啟榮董事長、足利小松共同組合小笠原康夫理事長、愛媛大學菊川國夫教授和日本論語普及會的諸位先生、韓國成均館崔根德館長、同德大學趙駿河教授和各地鄉校的先生們、臺北孔祥祺先生，他們為考察海外孔子廟或提供了資金，或提供了資料，要感謝山東青年旅行社的魏廣平和曲阜市外辦的盧良先生，他們多次陪同外出考察並代為蒐集和翻譯資料，還要感謝曲阜文物管理委員會項春生、關輝和曲阜檔案館的孔鴻晏同志，他們為本書提供了許多珍貴的照片。

國家圖書館出版品預行編目資料

圖說孔子 / 孔祥林編著. -- 初版. -- 臺中市：
好讀，2007[民96]
面： 公分，---（圖說歷史：12）
ISBN 978-986-178-055-9（平裝）

　　1.（周）孔丘 – 傳記　2.（周）孔丘 – 學術思想

121.23　　　　　　　　　　　　　　　　96010710

好讀出版

圖說歷史 12

圖說孔子　　　Illustrated Life of Confucius .

編著／孔祥林
總編輯／鄧茵茵
文字編輯／賴純美
美術編輯／陳麗蕙
行銷企畫／許碧真
發行所／好讀出版有限公司
台中市407西屯區何厝里19鄰大有街13號
TEL:04-23157795　FAX:04-23144188
http://howdo.morningstar.com.tw
（如對本書編輯或內容有意見，請來電或上網告訴我們）
法律顧問／甘龍強律師
承製／知己圖書股份有限公司　TEL:04-23581803

總經銷／知己圖書股份有限公司
http://www.morningstar.com.tw
e-mail:service@morningstar.com.tw
郵政劃撥：15060393　知己圖書股份有限公司
台北公司：台北市106羅斯福路二段95號4樓之3
TEL:02-23672044　FAX:02-23635741
台中公司：台中市407工業區30路1號
TEL:04-23595820　FAX:04-23597123
（如有破損或裝訂錯誤，請寄回知己圖書台中公司更換）
初版／西元2007年10月1日
定價：299元

Published by HowDo Publishing Co., Ltd.
2007 Printed in Taiwan
ISBN　978-986-178-055-9

讀者回函

只要寄回本回函，就能不定時收到晨星出版集團最新電子報及相關優惠活動訊息，並有機會參加抽獎，獲得贈書。因此有電子信箱的讀者，千萬別吝於寫上你的信箱地址

書名：**圖說孔子**

姓名：＿＿＿＿＿＿＿＿＿ 性別：□男 □女　生日：＿＿＿年＿＿＿月＿＿＿日

教育程度：＿＿＿＿＿＿＿＿＿＿＿＿＿＿＿

職業：□學生 □教師 □一般職員 □企業主管

　　　□家庭主婦 □自由業 □醫護 □軍警 □其他＿＿＿＿＿＿＿＿＿＿＿

電子郵件信箱（e-mail）：＿＿＿＿＿＿＿＿＿＿＿ 電話：＿＿＿＿＿＿＿＿

聯絡地址：□□□＿＿＿＿＿＿＿＿＿＿＿＿＿＿＿＿＿＿＿＿＿＿＿＿＿＿

你怎麼發現這本書的？

□書店 □網路書店（哪一個？）＿＿＿＿＿＿＿＿＿□朋友推薦 □學校選書

□報章雜誌報導 □其他＿＿＿＿＿＿＿＿＿＿＿＿＿＿＿＿＿＿＿＿＿＿＿

買這本書的原因是：＿＿＿＿＿＿＿＿＿＿＿＿＿＿＿＿＿＿＿＿＿＿＿＿

□內容題材深得我心 □價格便宜 □封面與內頁設計很優 □其他＿＿＿＿＿

你對這本書還有其他意見嗎？請通通告訴我們：

＿＿＿＿＿＿＿＿＿＿＿＿＿＿＿＿＿＿＿＿＿＿＿＿＿＿＿＿＿＿＿＿＿＿

你買過幾本好讀的書？（不包括現在這一本）

□沒買過 □ 1 ～ 5 本 □ 6 ～ 10 本 □ 11 ～ 20 本 □太多了

你希望能如何得到更多好讀的出版訊息？

□常寄電子報 □網站常常更新 □常在報章雜誌上看到好讀新書消息

□我有更棒的想法＿＿＿＿＿＿＿＿＿＿＿＿＿＿＿＿＿＿＿＿＿＿＿＿＿

最後請推薦五個閱讀同好的姓名與 E-mail，讓他們也能收到好讀的近期書訊：

1.＿＿＿＿＿＿＿＿＿＿＿＿＿＿＿＿＿＿＿＿＿＿＿＿＿＿＿＿＿＿＿＿＿

2.＿＿＿＿＿＿＿＿＿＿＿＿＿＿＿＿＿＿＿＿＿＿＿＿＿＿＿＿＿＿＿＿＿

3.＿＿＿＿＿＿＿＿＿＿＿＿＿＿＿＿＿＿＿＿＿＿＿＿＿＿＿＿＿＿＿＿＿

4.＿＿＿＿＿＿＿＿＿＿＿＿＿＿＿＿＿＿＿＿＿＿＿＿＿＿＿＿＿＿＿＿＿

5.＿＿＿＿＿＿＿＿＿＿＿＿＿＿＿＿＿＿＿＿＿＿＿＿＿＿＿＿＿＿＿＿＿

我們確實接收到你對好讀的心意了，再次感謝你抽空填寫這份回函

請有空時上網或來信與我們交換意見，好讀出版有限公司編輯部同仁感謝你！

好讀的部落格：http://howdo.morningstar.com.tw/

廣告回函
臺灣中區郵政管理局
登記證第 3877 號
免貼郵票

好讀出版有限公司　編輯部收

407 台中市西屯區何厝里大有街 13 號

電話： 04-23157795-6　傳眞： 04-23144188

―――――――― 沿虛線對折 ――――――――

購買好讀出版書籍的方法：

一、先請你上晨星網路書店 http://www.morningstar.com.tw 檢索書目
　　或直接在網上購買

二、以郵政劃撥購書：帳號 15060393 戶名：知己圖書股份有限公司
　　並在通信欄中註明你想買的書名與數量

三、大量訂購者可直接以客服專線洽詢，有專人爲您服務：
　　客服專線： 04-23595819 轉 230 傳眞： 04-23597123

四、客服信箱： service@morningstar.com.tw